AF537433

Die neue Glücksformel

Glücklich sein und positives Denken ist erlernbar

Wie Sie ab sofort starke Glücksgefühle und Lebensfreude entwickeln und dauerhaftes Glück empfinden (inkl. Workbook)

INHALT

Einleitung

Glücklich werden – glücklich sein? Was ist Glück?

Das Empfinden von Glück ist individuell und ebenso vielfältig. Das Glück kann uns täglich und überall begegnen, doch meist sehen wir es nicht oder vergessen es ganz schnell wieder. Zu voll sind unsere Köpfe mit dem ganzen Alltagsstress und den Gedanken daran, was wir tun müssen, um angeblich glücklich zu sein, oder wann wir wo unser Glück verpasst haben.

In unserer Gesellschaft wird Glück oft mit Erfolg gleichgesetzt, mit von außen definierten Zielen, die man erreichen muss, um anerkannt zu werden und als glücklicher Mensch zu gelten. Im Umkehrschluss heißt das: Wer diesen Erfolg und diese allgemein anerkannten Ziele (noch) nicht erreicht hat, kann nicht glücklich sein. Ist man weit davon entfernt, fühlt man sich also unwohl, minderwertig und niedergeschlagen. Sieht man für sich die Chance, dieses „Glück" zu erreichen, tut man alles, um dahin zu kommen, und treibt sich dafür komplett auf.

Entspricht man der Norm, wird man automatisch glücklich, nimmt man an – doch ist man dann da, wo die Gesellschaft einen als glücklichen Menschen sieht, fühlt man sich merkwürdigerweise nicht besser, sondern wie eine verbeulte, leere Dose. Das Portemonnaie ist gefüllt, das Leben geht seinen geregelten Gang. Man hat ein großes Haus, ein schickes Auto und die Kinder tragen teure Markenkleidung. Doch wie sieht es im eigenen Inneren aus? Wo ist das Herz, wo sind die Träume, die man als Kind hatte? Wo ist der unbeschwerte Mensch, der man einmal war? Vermeintlich am Ziel angekommen, stürzt man in ein tiefes Loch. Und keiner versteht es, denn man hat doch alles, was man haben muss, um glücklich zu sein. Nein, hat man nicht, denn man hat sich selbst verloren.

Höher, schneller, weiter, reicher, schöner – das ist es, worauf es heutzutage ankommt, doch nicht das, was zählt. Der Weg zum Glück ist für jeden Menschen ein eigener und er geht nicht nach außen, sondern nach innen: weg von den auferlegten Normen, den vordefinierten Zielen, dem zwanghaften, unglücklichen Glück. Hin zu der eigenen Seele, zur Freiheit, zu der Leichtigkeit aus Kindertagen, die unter einem großen Berg steinigen Erwachsenenlebens begraben liegt, aber tief im Inneren immer noch lebt. Glück ... Wie ging das noch? Wie hat sich das angefühlt?

Glück ist das Geburtsrecht jedes Menschen, also auch Ihres. Hören Sie also auf, nach falschem Glück zu streben, und begeben Sie sich auf die Suche nach Ihrer inneren Fähigkeit zum Glücklichsein. Was Sie persönlich glücklich macht, erfahren Sie, wenn Sie tief in sich hineinhorchen – die Wege, über die Sie dorthin kommen, lernen Sie in diesem Ratgeber kennen.

Damit Sie sich von Ihren bisherigen Vorstellungen des Glücklichseins lösen und frei für das echte Glück sind, möchte ich Sie erst einmal darüber aufklären, was Glück (nicht) bedeutet, doch warum es so schwer ist, durch das falsche Glück das echte nicht aus den Augen zu verlieren. So können Sie sich bewusst auf das konzentrieren, was wirklich glücklich macht, und sind vor dem anderen gewarnt. Dann begeben wir uns auf die Suche, wie man das wahre Glück (emp)finden kann, und beschreiten mithilfe diverser Übungen und Tipps die Wege dorthin gemeinsam.

Dabei kommt es nicht auf das Ankommen an einem Zielort namens „Glück" an, sondern auf die Reise an sich. Der Weg zum Glück macht bereits glücklich, denn ihn zu gehen bedeutet, dass Sie Ihr Leben in die richtige Richtung lenken.

1. Glück – Alles nur Ansichtssache?

EIN WORT, VIELE BEDEUTUNGEN

Wie soll man etwas finden, das nicht einmal eine eindeutige Bedeutung hat? Das Wort Glück wird in so vielen Zusammenhängen gebraucht. Man hat „Glück gehabt", dass man den Bus noch erwischt hat oder in sicheren Lebensumständen geboren wurde. Man „kann von Glück sagen", dass man gewisse Talente oder gute Freunde hat. Man „ist glücklich", wenn man etwas Schönes geschenkt bekommt, aber auch, dass man gesund ist. Man „sucht sein Glück", wenn man seinen Traumpartner oder Traumjob finden möchte. Man ist „glückselig", wenn man in freudiger, gelockerter Stimmung ist. Man erreicht das „höchste Glück", wenn man innerlich erfüllt und mit seinen Lebensumständen zufrieden ist.

Freude, Fröhlichkeit, Zufriedenheit, Wohlbefinden, Entspannung, Spaß, Erfüllung, positives Schicksal, Segen, Vorteil, angenehme Umstände, Hochgefühl, Erleichterung – all das und noch mehr ist „Glück" im deutschen Sprachgebrauch. Andere Sprachen bieten immerhin ein bisschen mehr Klarheit. Auf Englisch ist das Wohlbefindens-Glück „happiness", das Zufalls-Glück „luck", das Wohlstands- oder Erfolgs-Glück „fortune", die Glückseligkeit „bliss" und die Fröhlichkeit „felicity".

In Frankreich unterscheidet man immerhin „chance" und „bonheur", wobei ersteres für das Zufalls- oder Schicksals-Glück steht und letzteres für das Zufriedenheits- oder Wohlbefindens-Glück. Ist es in Deutschland dann besonders schwierig, Glück zu finden? Eigentlich nicht. Man muss nur wissen, welches Glück man sucht. Beim Lebensglück, von dem dieser Ratgeber handelt, geht es natürlich um Zufriedenheit, seelisches

Wohlbefinden und innere Erfüllung, also nicht um glückliche Zufälle, schicksalhafte Fügungen und freudige Ereignisse.

WANN SIND MENSCHEN GLÜCKLICH?

Was macht glücklich? Darüber sind sich die Menschen anscheinend nicht einig. Laut einer Umfrage steht die Gesundheit als Glücklich-Macher ganz oben – fast 90 % der Deutschen denken, dass man glücklich ist, wenn man gesund ist. Dicht dahinterkommt mit knapp 80 % eine Partnerschaft, eng gefolgt von einer Familie. Knapp 70 % glauben, es mache allgemein glücklich, wenn man sich mit Menschen umgibt. Für fast zwei Drittel der Deutschen ist es für das Glück wichtig, eine Aufgabe zu haben, und fast ebenso viele meinen, dass Kinder glücklich machen.

Für mehr als die Hälfte der Befragten sind die Art des Berufs, Erfolg und Freunde entscheidende Faktoren für ihr Glück. Fast 50 % finden Geld und ein Hobby wichtig. Das ist nur eine von vielen Umfragen – allen ist gleich, dass Gesundheit, Partnerschaft und Familie ganz oben stehen, bei den anderen Aspekten schwanken die Angaben aber teils stark. Auch werden manchmal Faktoren wie Spaß oder ein schönes Zuhause genannt. Manche Umfragen beziehen sogar Aspekte wie Freiheit, Gutes zu tun, Zufriedenheit oder Freude über die kleinen Dinge des Lebens ein – und teilweise kommen dabei sogar Werte über 50 % zustande. In den meisten Umfragen sind außerdem Mehrfachangaben möglich, das heißt, für einen Menschen zählen zum Beispiel Gesundheit, Freunde, Freiheit und Geld, für einen anderen Partnerschaft, Familie, Erfolg und Spaß.

Was sagt uns das? Glück kann man nicht definieren, wäre wohl die naheliegendste Vermutung. Jeder hat eine eigene Ansicht davon, was glücklich machen soll oder was ihn glücklich macht. Jeder hat eigene Wünsche und Ziele, die vielleicht auch von dem abhängen, was er gerade nicht hat und gern hätte. Aber dennoch gibt es große

Übereinstimmungen, wie man an den hohen Prozentzahlen und den vergleichsweise wenigen genannten Faktoren erkennt. Ist Glück dann doch etwas Allgemeingültiges? Werden wir alle glücklich, wenn wir gesund sind, eine/n Partner/in haben, in einer harmonischen Familie leben, Kinder und ein großartiges Hobby haben, einen interessanten und gut bezahlten Job ausüben, der uns auch noch ausreichend Freizeit ermöglicht? Vielleicht, wenn wir dann auch noch die Freiheit haben, alles zu tun, was wir wollen, uns an kleinen Dingen erfreuen und hin und wieder etwas Gutes tun? Immerhin können wir die letzten beiden Faktoren selbst beeinflussen. Mit allem anderen sind wir aber sehr abhängig von unserer Umwelt und etwas, das wir nicht in der Hand haben – dem Schicksal. Wie gesund wir bleiben und was sonst noch so passiert, welche Krisen vielleicht bei uns selbst oder in der Welt eintreten, steht nur zu einem Bruchteil in unserem eigenen Einflussbereich.

Kann es sein, dass wir nur glücklich werden können, wenn bestimmte äußere Aspekte vorhanden sind? Das wäre sehr schade, denn dann würde das Glück vielen verwehrt bleiben. Schließlich sind die genannten Faktoren nicht für jeden erreichbar.

Und überhaupt, muss Glück bedeuten, nach bestimmten Dingen zu streben? Muss Glück ein Kampf sein, ein Wettlauf gegen die Zeit, in dem man rechtzeitig vor dem Tod möglichst viel erreicht? Und was, wenn einen im Alter die Gesundheit verlässt, die Rente nicht reicht, man vielleicht einsam ist und sich auch nicht mehr so bewegen kann, um schöne Unternehmungen zu machen? Muss man dann trotz allen Glücks, das man vielleicht einmal hatte, unglücklich sterben? Und wenn wir Glück schon an äußeren Faktoren festmachen, wo bleiben dann so wichtige Dinge wie Frieden, Gerechtigkeit und eine intakte Umwelt? Sollten, wenn wir glücklich sein wollen, nicht alle Menschen auf der Welt gleichermaßen glücklich sein können? Und sollten nicht unsere Kinder und

Kindeskinder auch die Möglichkeit haben, ihr Glück in einer heilen, gesunden Umwelt zu finden?

MYTHOS & WIRKLICHKEIT

Das Problem am Glück ist, dass es so viele Meinungen darüber gibt und in der Gesellschaft diverse Mythen herrschen, mit denen wir von Geburt an aufwachsen. Als Kinder sind wir frei, unbeschwert und *leben* einfach, doch spätestens, sobald wir verstehen können, was die Erwachsenen und älteren Kinder sagen, nehmen wir die Glücks- und Unglücks-Mythen in uns auf. Haben Mama und Papa Streit, ist mindestens einer von beiden traurig – versöhnen sie sich wieder, sind sie glücklich.

Daraus lernen wir: Harmonie und Zusammensein ist wichtig, um glücklich zu sein. Das erfahren wir auch am eigenen Leib, wenn es Unstimmigkeiten mit Freunden gibt und wir allein spielen müssen, und etwas später kommt die erste Liebe und bald darauf der erste Liebeskummer. Ist man als Jugendlicher oder Erwachsener allein, drängen die Freunde und Familie, man müsste doch eine/n Partner/in finden, das sei doch wichtig für das Glück.

Wir sehen auch laufend Familien mit Kindern, die Häuser und Autos haben, in den Urlaub fahren und ein geregeltes, sorgenfreies Leben führen (zumindest nach außen hin). Alle machen das so und wer noch nicht dieses Leben hat, strebt danach. Es ist klar: Familie, Geld, Sicherheit und ein paar Statussymbole machen glücklich. Ein weiterer Mythos ist geboren. In der Schule, oder oft schon davor, lernen wir, dass eine gute Ausbildung wichtig ist, um einen guten Job zu finden – und glücklich zu werden.

Bekommen wir dann gute Noten, einen guten Abschluss und einen guten Ausbildungsplatz, sind wir glücklich – weil wir denken, dass das glücklich machen muss, und weil wir dann (nur dann) Anerkennung bekommen. Schon als Heranwachsende sind wir meist in den Vorstellungen der Gesellschaft, unserer Eltern, der Lehrer, der Medien und unserer Freunde, die ebenfalls die Mythen glauben, gefangen und in unserer Glückswahrnehmung stark beeinträchtigt. Weg ist die Unbeschwertheit aus jungen Kindertagen, wir sind mitten im Hamsterrad und strampeln, um an das vermeintliche Glück zu kommen. Was wir selbst wollen und was im Sinne der Welt richtig ist, fragen wir uns meist nicht einmal, sondern wir laufen einfach in die gleiche Richtung wie die anderen – da wird das Glück schon irgendwo sein ...

Was wir dabei vergessen, sind unsere individuellen Ziele, unser eigenes inneres Wesen, das wir niemals wirklich entfalten konnten. Doch es steckt tief in uns, in unserer Seele, und fühlt sich dort gefangen und missachtet. So kommt es, dass wir nicht einmal, wenn wir das erreicht haben, was angeblich glücklich machen soll, glücklich sind. Denn das Innere ist nicht still, es will sich nicht damit zufriedengeben und es äußert sich über die Psyche. Und noch etwas haben wir vergessen: Einfach zu leben.

Wir verfolgen ständig irgendwelche Ziele und setzen uns damit unter Druck, wir grübeln darüber, was wir noch tun könnten, um glücklich zu werden, und währenddessen zieht die Zeit einfach an uns vorbei. Tage, Wochen, Monate und Jahre vergehen und nach ein paar Jahrzehnten schauen wir uns um und sagen: „Huch, wo ist denn mein Leben hin?"

Glück liegt nicht darin, etwas Bestimmtem hinterherzujagen, erst recht nicht den Vorstellungen anderer. Jeder Mensch ist ein Individuum und kann nur glücklich werden, wenn er seinem Inneren entsprechend lebt – und vor allem, wenn er *lebt.* Glück heißt, den Augenblick zu genießen, das Beste aus dem Hier und Jetzt zu machen und mit sich selbst im Reinen zu sein. Sonst nützen auch alle äußeren Aspekte nichts.

Wenn zusätzliches oberflächliches „Glück" in Ihrem Leben vorhanden ist, dann schadet das dem echten Glück zwar nicht, aber das oberflächliche „Glück“ allein kann nicht zu Glück führen, auch wenn es noch so gut aufgestellt ist. Echtes Glück kommt allein aus dem Inneren. Doch warum ist es dann so schwer zu finden, wo wir unser Inneres doch immer bei uns tragen? Das klären wir im zweiten Kapitel.

DAS GLÜCK AUS WISSENSCHAFTLICHER SICHT

So unterschiedlich die Meinungen und Definitionen von Glück auch sind, für die Neurobiologie ist Glück immer das Gleiche – eine chemische Reaktion. Das klingt jetzt sehr unromantisch, doch faktisch betrachtet ist es so. Man sagt zwar, Glück fühlt man im Herzen, doch eigentlich wird es (wie jedes Gefühl) im Gehirn erzeugt.

Wenn wir etwas als positiv wahrnehmen, uns wohlfühlen, uns freuen, ein Hochgefühl erleben, gute Gefühle haben oder etwas uns Spaß macht, gibt das Gehirn die Produktion von Glückshormonen „in Auftrag“. Je intensiver das Glück wahrgenommen wird, desto mehr Glückshormone werden freigesetzt und desto besser fühlen wir uns. Das körperliche und seelische Wohlbefinden entsteht erst durch die Glückshormone. Sie sorgen nicht nur für ein schönes Gefühl, sondern sind auch eine Art Medizin, denn sie wirken Schmerz-hemmend und aktivieren die Selbstheilungskräfte. Glücklichen Menschen geht es also auch körperlich besser als unglücklichen.

Wie wirksam Glück gegen Krankheiten ist, zeigte unter anderem der Arzt und Comedian Dr. Eckart von Hirschhausen, der die Stiftung „Humor hilft Heilen“ gründete. Auch die positive Psychologie, zu der ich später noch komme, erwies sich als wirksames Mittel bei chronischen Schmerzen. In jedem Fall haben glückliche Menschen ein weit geringeres Risiko, an Stresserkrankungen und psychischen Störungen wie Depressionen, Burn-out, Angststörungen, Suchterkrankungen etc. zu leiden, da diese meist auf einer negativen Lebenseinstellung oder negativen Selbstsicht beruhen. Die wichtigsten Glückshormone sind Dopamin, Serotonin und Oxytocin.

Dopamin ist für das kurzfristige Glück zuständig. Es wird ausgeschüttet, wenn man sich zum Beispiel über ein Geschenk, ein Ereignis oder eine Begegnung freut, ein Erfolgserlebnis hat, Anerkennung bekommt, eine interessante Beschäftigung ausübt oder Sport macht. Für die Freisetzung ist ein „Belohnungszentrum" im Gehirn zuständig – dieses belohnt uns dafür, dass etwas Positives stattfindet, und das sogar, wenn wir selbst gar nichts dafür getan haben. Damit Dopamin ausgeschüttet werden kann, braucht es immer einen bestimmten Anlass und das Gefühl bleibt je nach Größe des Ereignisses (zum Beispiel eine Tasse Kaffee oder ein Lottogewinn) und Art der inneren Einstellung (Pessimist, Realist oder Optimist) wenige Sekunden bis einige Stunden am Stück. Bei sehr großen Ereignissen kommt es über eine gewisse Zeit (in länger werdenden Abständen und abnehmender Intensität) noch wieder zurück. Das Dopamin-Glück hat eine positive „Nebenwirkung": Es sorgt dafür, dass Noradrenalin freigesetzt wird, welches die Leistungsfähigkeit fördert. Glückliche Erlebnisse wie zum Beispiel bei der Arbeit oder beim Sport führen also dazu, dass wir motivierter, konzentrierter und energiereicher werden.

Für das langfristige Glück sorgt hingegen Serotonin. Es wird nicht bei bestimmten Ereignissen freigesetzt, sondern bei einem zufriedenen Lebensgefühl. So ist sein Pegel im Vergleich zu Dopamin konstant. Wie viel Serotonin sich in Ihrem Körper befindet, bestimmt sich dadurch, wie positiv Sie Ihre Lebensumstände sehen – nicht aber danach, wie diese nach allgemeinem Durchschnittsdenken zu bewerten wären. Da es nicht um „Belohnungen" geht, ist nicht das Belohnungszentrum für die Serotoninausschüttung zuständig, sondern die Großhirnrinde. Das ist der Teil des Gehirns mit den „grauen Zellen", wo Erlerntes und unsere Erfahrungen gespeichert und bewertet werden.

Die Großhirnrinde nimmt unsere Lebensumstände wie zum Beispiel soziale Kontakte, Wohnumfeld, Arbeit, Familie etc. wahr und urteilt, ob sie positiv oder negativ sind. Das Urteil erfolgt auf der Basis der gespeicherten Erfahrungen und Überzeugungen, aber eine positive Sicht kann auch trainiert werden – hierum soll es in diesem Ratgeber insbesondere gehen. Zudem können Sie durch bestimmte Nahrungsmittel (siehe Kapitel 6) und Aufenthalt im Freien die Serotoninproduktion fördern. Serotonin ist nicht nur wichtig für ein konstantes Glücksempfinden, sondern auch für die körperliche und psychische Gesundheit, denn es wirkt Stress entgegen und hilft so zum Beispiel gegen Schmerzen und fördert die Immunabwehr.

Oxytocin ist als Kuschel- oder Bindungshormon bekannt, wirkt gegen Angst und für eine positive Lebenseinstellung, Entspannung, Vertrauen, Energie und Stärke. Es wird freigesetzt, wenn wir mit einem Menschen, den wir lieben oder sehr gernhaben, eng zusammen sind. Das bloße Zusammensein oder ein herzlicher Händedruck reichen schon, um ein wenig Oxytocin zu produzieren, mehr wird es bei einer Umarmung (je inniger, desto mehr Glück), einem Kuss oder gemeinsamem gemütlichem Kuscheln. Gemeint sind nicht nur partnerschaftliche Verhältnisse, sondern alle vertrauten, liebevollen Kontakte. Oxytocin wird also zum Beispiel auch ausgeschüttet, wenn Sie mit Ihren Freunden in gemütlicher Runde zusammensitzen oder Ihre Kinder umarmen.

Ähnlich wie bei Dopamin hält das Oxytocin-Glück nicht lange, sondern ist immer von einem aktuellen Beisammensein abhängig. Wenn man regelmäßig Erlebnisse hat, bei denen Dopamin oder Oxytocin freigesetzt werden, neigt das Gehirn jedoch dazu, das Leben insgesamt positiver zu bewerten und somit mehr Serotonin zu produzieren.

2. Warum kann man nicht „einfach" glücklich sein?

„DAS VERGLEICHEN IST DAS ENDE DES GLÜCKS UND DER ANFANG DER UNZUFRIEDENHEIT." (KIERKEGAARD)

Dass wir auf der Suche nach dem Glück nicht glücklich werden, ist nicht erst in unserer modernen Welt gekommen, sondern scheint schon länger in den Menschen zu stecken. Das Zitat des dänischen Philosophen Kierkegaard ist bereits über 150 Jahre alt. Da gab es noch kein Internet und kein Fernsehen, über das ständig erzählt und gezeigt wurde, was man angeblich alles braucht.

Trotzdem verglichen sich die Menschen mit anderen Menschen und stellten dabei immer wieder fest, dass sie etwas nicht hatten oder in etwas nicht so gut waren wie jemand anderes. Statt das einfach hinzunehmen, sagt sich der Mensch: „Das will ich auch, und zwar möglichst schnell!" Am liebsten möchten wir sogar die anderen übertrumpfen, immer eine Nasenlänge voraus sein, damit sie uns nicht so schnell wieder überholen können. Wir blicken ständig auf andere, was sie haben, was sie tun, und messen uns daran. Was ist die logische Folgerung daraus?

Ganz genau: Wir verlieren uns selbst aus dem Blick. Was wir selbst wollen, wer wir selbst sind und was wir doch eigentlich schon alles haben, wird in den Hintergrund gedrängt. Es zählt auf einmal nicht mehr, ist wertlos und macht uns unzufrieden, obwohl es uns eigentlich zufrieden machen könnte. Nur, weil jemand anderes vermeintlich glücklicher ist, beginnen wir zu rennen – wieder im Hamsterrad den falschen Zielen hinterher. Und wieder schlägt das eigene Ich im Inneren die Hände vor den Kopf und ruft laut: „Muss das sein?" Doch wir hören es nicht und laufen weiter, immer auf der Suche nach etwas, das wir auf diese Art nicht erreichen – dem Glück. Was war das noch? Bestimmt kein Auto, das mehr PS hat als das des Nachbarn. Bestimmt auch kein Urlaub, der zwei Tage länger dauert als der des Kollegen. Sicher keine Designerjacke, kein Swimmingpool und auch kein überteuertes Smartphone einer bekannten Marke. Und bestimmt keine pompöse Hochzeitsfeier, um vor den Verwandten und Freunden anzugeben, obwohl wir doch eigentlich niemals heiraten wollten.

Höher, schneller, weiter – doch wohin? Das Vergleichen leitet uns in die Irre und führt uns in eine Richtung, in die wir nicht gehen wollten, jedenfalls nicht im Inneren. Merkwürdigerweise vergleichen wir immer nur nach oben und nie nach unten. Wir sehen das, was andere haben und wir nicht haben, aber nicht das, was wir haben und andere nicht haben. So sind wir neidisch und unglücklich, anstatt dankbar und glücklich. Weil das, was wir haben, uns niemals genug ist, leben wir nicht nur in dauernder Unzufriedenheit, sondern auch in dauerndem Stress. Wir hetzen immer neuen Zielen hinterher oder vielleicht auch den gleichen, die wir nie erreichen. Der Blick ist immer nach vorn gerichtet, niemals auf den jetzigen Moment, und immer auf das, was angeblich fehlt. Wir bauen uns auf diese Art einen enormen Druck auf, denn wir fühlen uns niemals gut genug und versuchen ständig, die Ansprüche anderer zu erfüllen.

Da wir aber so in diesem Denken drin sind, dass wir glauben, dies seien unsere eigenen Ansprüche, sind wir auch noch innerlich zerrissen – einerseits wollen wir einfach ruhig und zufrieden das Leben genießen, doch andererseits wollen wir mit den anderen mithalten. In der heutigen Gesellschaft ist das sicher noch ein bisschen schlimmer als zu Kierkegaards Zeiten, schließlich leben wir in einer Leistungsgesellschaft und bekommen durch Werbung und Medien ständig suggeriert, was wir angeblich zum Glücklichsein brauchen und wie glückliche Menschen sein müssen.

Überall sieht man „glücklich" lächelnde Menschen, die sich auf Fotos in sozialen Netzwerken präsentieren, sodass man schon den Eindruck bekommt, mit einem stimme etwas nicht, wenn man nicht glücklich ist (oder aussieht). Glückliche Menschen sind beliebter, bekommen leichter Jobs, haben mehr Freunde, finden schneller Partner/innen. Eine positive Ausstrahlung öffnet alle Türen, mit unglücklich wirkenden Menschen will hingegen keiner so recht etwas zu tun haben – das könnte ja bedeuten, dass man sich mit deren Problemen beschäftigen müsste, und wer weiß, vielleicht wirkt Unzufriedenheit ja ansteckend …

Ob man glücklich ist, bewertet man selbst anhand der Kriterien, die von außen erstellt werden, und noch schlimmer: Das eigene Glück wird von außen bewertet. Sie sind vielleicht zufrieden mit Ihrer kleinen Wohnung und Ihrem Fahrrad und freuen sich, als Single ein freies Leben führen zu können. Dann kommen Ihre Freunde, Ihre Eltern, eine Tante oder ein Kollege, gucken schief, ziehen die Stirn kraus und fragen ungläubig: „Damit bist du glücklich?" Sie könnten einfach „Ja!" sagen, lächeln und den Kommentar an sich abprallen lassen, doch das tun Sie nicht. Stattdessen beginnen Sie, an Ihrem Glück zu zweifeln, und machen sich auf die Suche nach „besserem" Glück.

Sie suchen sich eine größere, schönere Wohnung, kaufen sich ein schickes Auto, gehen eine Beziehung ein und, um es den anderen so richtig zu zeigen, ergattern Sie noch einen neuen, gut bezahlten Job. Den brauchen Sie jetzt auch, um Ihren neuen Lebensstandard bezahlen zu können. Leider müssen Sie dafür mehr arbeiten … Knall auf Fall steht Ihr Leben auf dem Kopf und Sie glauben auch noch, dass das etwas Gutes ist. Trotzdem fühlen Sie sich nicht besser als vorher, eher schlechter, denn Sie haben Ihre Leichtigkeit verloren.

Kann Verbiegen zum Glück führen? Sicher nicht, das müsste eigentlich jedem klar sein, und trotzdem tun wir es. Wir wollen nicht vor den anderen schlecht dastehen oder uns dafür rechtfertigen, warum unser

Glück anders aussieht, als es allgemein anerkannt ist. So manövrieren wir uns selbst in die Unzufriedenheit, obwohl wir doch eigentlich nur glücklich sein wollen. Das Glück wird zum Zwang, doch da, wo Zwang ist, kann man nicht zufrieden werden. Denn Zwang engt ein und verursacht negative Gefühle. Woher diese negativen Gefühle kommen, ist uns jedoch nicht bewusst und daher denken wir, dass wir einfach noch nicht genug von diesem „Glück" haben, und rennen immer weiter in die falsche Richtung. Aus diesem paradoxen Zustand können Sie aber ausbrechen, indem Sie zu sich selbst stehen, sich von den Glücksmythen und Ansprüchen der Gesellschaft befreien und lernen, Ihr eigenes Leben anzunehmen und zu genießen, wie es ist. Das erfordert ein großes Umdenken, doch so schwer ist es eigentlich nicht – wie es geht, erfahren Sie im Verlauf des Ratgebers.

WIE VERGANGENHEIT UND ZUKUNFT DIE GEGENWART BEHINDERN

Neben dem Vergleichen und den falschen Mythen gibt es aber noch ein weiteres Hindernis für unser Glück – das Grübeln. Wir denken schlichtweg zu viel nach, um glücklich sein zu können. Nachdenken behindert das Glück zwar an sich nicht und kann es sogar fördern, aber dafür müsste man die richtigen Gedanken haben. Die meiste Zeit drehen sich unsere Köpfe jedoch nicht um das Gute, das wir erleben, sondern um das Schlechte, das wir erlebt haben oder erleben könnten.

Da sind zunächst einmal die düsteren und kummervollen Erinnerungen an tragische und schmerzhafte Ereignisse in unserer Vergangenheit, sei es Krankheit oder Tod lieber Verwandter oder Freunde, gescheiterte Liebesbeziehungen, Probleme im Beruf, finanzielle Sorgen, Ärger aller Art und verschiedene andere Dinge, die Ihnen jetzt sicher spontan einfallen. Viele dieser Erinnerungen wurden von Ihnen nicht bearbeitet und legen sich wie ein Schatten über Ihr jetziges Leben. Doch nicht „nur" das – sie sagen Ihnen auch voraus, wie die Zukunft angeblich aussieht. Und das macht Ihnen Angst. Aus den unbearbeiteten Erinnerungen werden Zukunftssorgen und beide gemeinsam vermiesen Ihnen die glückliche Zeit, die Sie jetzt gerade haben könnten.

Negative Gedanken haben die Angewohnheit, uns nicht loszulassen, uns in einen Sog zu ziehen, unsere ganze Aufmerksamkeit zu beanspruchen und insbesondere ausgerechnet dann zu kommen, wenn wir uns gerade entspannen möchten. Gerade dann, wenn wir uns von dem Alltagsstress eine Auszeit nehmen möchten und uns vorgestellt haben, dass es so richtig schön wird, kommen sie heraus, als hätten sie nur darauf gewartet, uns von unseren wohlverdienten glücklichen Momenten abzuhalten. Sind sie da, ist bereits alles verdorben, denn die negative Gedankenspirale ist in Gang gesetzt. Selbst wenn wir versuchen, die Gedanken wegzudrängen, verschwinden sie nicht, sondern kommen im nächsten Moment umso stärker hervor.

Wir ertappen uns dann dabei, zu denken, dass wir nicht daran denken wollen, und uns zu ärgern und traurig zu werden, weil wir daran denken. Je mehr Zeit des schönen Tages damit verstreicht, desto schlechter wird unsere Laune, denn nun trauern wir auch noch dem verlorenen Tag hinterher. Wir sind komplett im Strudel der negativen Gedanken gefangen und kommen da wahrscheinlich an dem Tag auch nicht wieder heraus. Wahrscheinlich auch nicht am nächsten oder am übernächsten, denn eigentlich ist das Grübeln ein Dauerzustand.

Kaum jemals sind wir mit unserer ganzen Aufmerksamkeit bei dem, was wir gerade tun, und nehmen das wahr, was es um uns herum zu entdecken gibt. Da ist sehr viel Gutes und sehr wenig Schlechtes, vielleicht sogar überhaupt nichts Schlechtes. Schauen Sie sich genau jetzt einmal um, erfassen Sie Ihre Umgebung mit Ihren Augen und Ohren und spüren Sie, wie sich Ihr Körper anfühlt. Vielleicht tut der Rücken ein bisschen weh, vielleicht sitzen Sie nicht in der perfekten Position, vielleicht regnet es, vielleicht hören Sie einen nervigen Rasenmäher vom Nachbargrundstück.

Doch wie schlimm ist das alles wirklich? Und was ist da alles Positives, an dem Sie sich erfreuen könnten, oder zumindest Neutrales, über das Sie sich nicht zu ärgern brauchen? Nehmen Sie einmal alles wahr, was Sie jetzt wahrnehmen können, und überlegen Sie sich bei jeder Einzelheit, was daran gut ist. Doch, bevor Sie anfangen, Achtung: Es geht nicht um Ihre Gedanken. Genau diese sollen Sie jetzt nicht beachten. Es geht nur um das Sehen, Hören und Fühlen.

Ich möchte, dass Sie aus Ihren Gedanken herausfinden und ins Hier und Jetzt kommen, denn Ihre Gedanken nehmen Ihnen die Gegenwart weg. Wie viele Momente haben Sie in letzter Zeit bewusst erlebt? Wann waren Sie zuletzt vollkommen bei einer Sache, so banal diese auch gewesen sein mag, und haben an nichts anderes gedacht? Wann haben Sie zum Beispiel das letzte Mal gegessen, ohne dabei an einen bevorstehenden Termin, Ihr Bankkonto, die Arbeit, die Schulnoten Ihrer Kinder, den Streit letzte Woche mit Ihrem Nachbarn, die entgangene Beförderung oder etwas anderes Negatives zu denken? Wann haben Sie zuletzt die Vögel zwitschern hören, in den Sonnenuntergang geschaut, den Regen auf Ihrer Haut gespürt oder Ihre Zimmerpflanze nicht nur geistesabwesend gewässert, sondern ihre Schönheit betrachtet und mit ihr gesprochen? Wann sind Sie das letzte Mal spazieren gegangen, und zwar ohne stur geradeaus zu starren und in Ihrem Kopf Ihre Probleme und Sorgen hin und her zu wälzen? Wann haben Sie zuletzt mit Freunden, Ihrem Partner bzw. Ihrer Partnerin oder Ihren Kindern etwas unternommen, ohne dabei an die Arbeit zu denken? Wann haben Sie einfach einen Moment genossen, ohne dabei zu denken „Ich muss noch ... Ich darf nicht ... Ich sollte ... Wenn bloß nicht ... Was mache ich, wenn ... Hätte ich bloß ... Was wäre gewesen, wenn ... Wie soll ich nur ... Wie kann ich verhindern, dass ... Was muss ich tun, damit ... Warum habe ich nicht ... Wie soll das alles weitergehen ... Ich wünschte, ich könnte ...“?

Solche Gedanken bringen nichts, außer schlechter Laune und ständigem Stress. Sie reiben sich an Dingen auf, an denen Sie nichts ändern können, weil sie bereits geschehen sind, oder Sie malen sich die Zukunft schwarz, obwohl Sie gar nicht wissen, was passieren wird. Und selbst, wenn Sie es wüssten, könnten Sie im Hier und Jetzt immer noch glücklich leben, denn jetzt ist noch nicht die Zukunft.

Was vergangen ist, kann niemand ändern, selbst wenn man noch so viel darüber grübelt, und die Zukunft ist in erster Linie eine Möglichkeit. Man kann nie wissen, was geschehen wird. Es kann alles gut oder alles schlecht werden, wahrscheinlich aber wird es irgendetwas dazwischen. Das wird es aber auch, ohne dass man darüber nachdenkt. Im Hier und Jetzt zu leben, heißt natürlich nicht, weltfremd in den Tag hineinzuleben. Über mögliches Negatives in der Zukunft nachzudenken, ergibt aber nur insofern einen Sinn, als man eine Lösung findet und es zum Positiven wendet – ob es nun das eigene Leben betrifft oder den Erhalt unserer Welt und die Verbesserung der Lebenssituation für alle. Dann jedoch braucht man nicht zu grübeln, sondern muss konstruktiv nachdenken, einen Plan entwickeln und ihn umsetzen. Hierfür braucht man Energie und einen klaren Kopf. Beides verlieren Sie aber, wenn Sie grübeln. Grübeln bedeutet, dass sich die Gedanken immer im Kreis um ein Problem drehen, ohne eine Lösung zu finden. Dadurch belasten Sie sich seelisch und durch den entstehenden Stress auch körperlich, Sie werden mutlos und antriebslos.

Über Dinge, die Sie nicht ändern können, müssen Sie nicht nachdenken, denn es ändert ja nichts. Konzentrieren Sie sich lieber auf die Dinge, die Sie aus eigener Kraft beeinflussen können, und denken Sie nicht nur, sondern handeln Sie. Schauen Sie nicht in die Vergangenheit, es sei denn, um daraus zu lernen oder auf Schönes zurückzublicken, und blicken Sie mit positiven, aber realistischen Erwartungen in die Zukunft. Schwarzmalerei nützt niemandem etwas, sie macht nur depressiv. Wenn etwas Negatives passiert ist, sagt das nichts darüber aus, was in Zukunft sein wird, und egal, was war oder sein wird, das ist nicht jetzt.

Genießen Sie Ihr Leben, ohne zu grübeln. Ansonsten beeinträchtigen Sie Ihr Glück gleich auf mehrfache Weise: Sie vergessen die guten Ereignisse der Vergangenheit durch die Gedanken an die negativen Ereignisse. Sie rauben sich durch die negativen Gefühle die Energie, um selbst positiv auf Ihr jetziges und zukünftiges Dasein einwirken zu können. Sie sind ständig schlecht gelaunt und können Ihr Leben deshalb nicht genießen. Durch das ständige Schwarzsehen bemerken Sie das Gute nicht einmal, wenn es direkt vor Ihren Augen liegt. So verpassen Sie Ihr Glück – denn der einzige Moment, in dem man Glück erleben kann, ist immer genau jetzt.

GLÜCKSKILLER STRESS

Nicht nur negative Gedanken vermiesen uns unser Glück, sondern auch unser Alltag. Wir rennen nur von einem Termin zum nächsten, ob als Angestellte/r oder als Selbstständige/r, und auch privat. Unser Leben ist durchgetaktet bis zum Gehtnichtmehr. Gegessen wird schnell im Vorbeigehen, dabei wird natürlich an etwas gedacht, das noch zu tun ist oder das passiert ist. Schlaf? Entspannung? Einfach mal nichts tun, spontan sein, in den Tag hinein leben? Fehlanzeige.

Das Leben ist schneller als wir. Und das, obwohl es doch in unserer modernen Welt unzählige Dinge gibt, die eigentlich dafür sorgen, dass wir mehr Zeit für uns selbst haben könnten. Man muss keinen Brief mehr mit der Hand schreiben, in einen Umschlag stecken und zur Post bringen, sondern kann einfach bequem vom Sofa aus schnell eine E-Mail eintippen. Man muss nicht mehr zu Fuß gehen oder mit der Kutsche fahren, sondern ist in einem Bruchteil der sonst nötigen Zeit mit dem Auto, dem Bus oder der Bahn am Zielort.

Man muss kein Wasser aus dem Brunnen holen und im Winter Schnee auftauen, sondern nur den Wasserhahn aufdrehen. Man muss sich nicht persönlich mit jemandem treffen, um mit ihm zu sprechen, sondern einfach nur anrufen. Und vieles mehr. Doch merkwürdigerweise haben wir weniger Zeit, als die Menschen früher hatten. Woran liegt das? An der Gesellschaft oder genauer gesagt an uns selbst (denn wir, die Summe der einzelnen, machen die Gesellschaft). Wenn wir weniger Zeit für das eine benötigen, dann nutzen wir die gewonnene Zeit nicht, um uns zu entspannen und das Leben zu genießen, sondern einfach, um noch mehr zu machen. Statt einem Termin haben wir 20 am Tag, statt drei Briefen schicken wir 30 E-Mails.

Mehr Zeit gibt uns die Möglichkeit, noch höher, schneller und weiterzukommen und mit der Konkurrenz mitzuhalten. Parallel dazu wächst die Konkurrenz auch, denn alle haben schließlich mehr Zeit, um noch mehr zu machen. Stress ist für uns sogar so natürlich, dass wir in unserer spärlichen Freizeit einfach damit weitermachen. Als ob wir den Halt verlieren würden, wenn wir nicht alles eng durchplanen würden. Genau dadurch verlieren wir aber den Halt, denn der Mensch ist keine Maschine, die einfach ein bisschen Öl und Kühlwasser braucht und dann 24/7 durchhecheln kann.

Und was ist, wenn wir dann mal nichts zu tun haben und einfach nur entspannt dasitzen? Dann werden wir besonders aktiv mit dem Stressor Nummer eins der heutigen Welt – den sozialen Medien. Sie begleiten uns ohnehin vom Aufstehen bis zum Schlafengehen (und manchmal auch dazwischen). Gleich als Erstes schauen wir aufs Smartphone, ob jemand geschrieben hat, denn wir wollen ja nichts verpassen und womöglich nicht mehr „dazugehören". Auch beim Essen ist das Smartphone immer dabei, und auch bei allem anderen, was wir tun. Kaum piept es, greifen wir danach, und wenn es nicht piept, macht uns das unruhig und wir greifen auch danach. Wir halten es für Freizeit, mit Freunden zu chatten, Videos anzuschauen, Fotos zu posten usw., aber in Wirklichkeit ist es purer Stress.

Durch dieses Wunderwerk der Technik haben wir immer etwas zu tun und finden niemals zur Ruhe. Jeder weiß, dass jeder immer erreichbar ist, und so erwartet jeder sofort eine Antwort. Und weil man das weiß, achtet man darauf und trägt das Smartphone immer bei sich. Das ist längst zur unbewussten Gewohnheit geworden. Wir sind so verwachsen mit den neuen technischen Geräten (auch Tablets, PCs, Fernseher), dass wir nervös werden, wenn wir sie nicht benutzen.

Wir merken gar nicht, wie unser Gehirn vollkommen von der Informationsflut vereinnahmt wird. Wie soll man sich bei dieser Reizüberflutung noch entspannen und echtes Glück empfinden? Einfach abschalten wäre eine gute (die einzige) Möglichkeit – auch, um Anrufen und E-Mails des Arbeitgebers oder von Kunden in der Freizeit zu entgehen. Doch dafür ist die Angst zu groß, sich damit unbeliebt zu machen. Aber ist das wirklich den ganzen Stress wert? Stress macht den Körper und die Psyche kaputt, nimmt uns die Energie und vor allem die Lebensfreude, das Glück. Wir sollten alle mal einen Gang herunterschalten und uns klar werden, was wirklich zählt: das Leben.

DIE TÜCKEN DER PSYCHE

Wir stehen uns auf unserem Weg zum Glück im wahrsten Sinne des Wortes selbst im Wege. Nicht nur, dass wir an Glücksmythen glauben und daher ein „Glück“ suchen, das uns nicht glücklich macht, an der Suche verzweifeln, uns durch den Alltag stressen lassen und über negative Dinge nachdenken. Nein, wir speichern all das auch noch in unserer Erinnerung ab und nehmen es als Basis für unsere Lebenseinstellung.

Das nennt sich dann „Psyche". Eigentlich ist die Psyche nichts Schlimmes, sie ist nur so etwas wie eine höhere Ebene von uns selbst, ähnlich der Seele. Sie ist das Gesamtpaket der Gedanken und Gefühle. Allerdings ist sie sehr leicht zu beunruhigen und neigt zum Schwarzsehen. Ihr Zustand entsteht nicht nur durch unsere Gedanken und Gefühle, sondern sie beeinflusst diese auch erheblich, und damit auch die Art, wie wir leben und uns verhalten. In der Psyche wird verarbeitet, was wir erleben, welche Informationen wir bekommen und wie wir uns selbst verhalten, was wir fühlen und denken. Die Psyche ist somit gleichermaßen mit der Außenwelt wie auch mit sich selbst beschäftigt. Sie hat also ziemlich viel zu tun und dabei konzentriert sie sich mehr auf das Negative als auf das Positive.

Besonders beschäftigen die Psyche auch widersprüchliche Informationen bzw. gegensätzliche Meinungen, Ziele und Ansprüche. Entweder eine Meinung von außen widerspricht unserer eigenen, zwei Meinungen von außen sind gegensätzlich oder zwei unserer eignen Ziele oder Ansprüche (die wir aber ggf. schon von außen übernommen haben) widersprechen sich. So etwas nennt man „kognitive Dissonanzen". Das heißt, die Wahrnehmung ist sich mit sich selbst nicht einig. Bei einer ausgeglichenen Psyche ist das nicht weiter problematisch, vielmehr ist es das, was wir im Allgemeinen als Entscheidungsprozess kennen und diverse Male am Tag durchlaufen. Kritisch wird es, wenn die Psyche aus irgendeinem Grund mit der Entscheidung überfordert ist oder sich für die Seite entscheidet, die für uns selbst eigentlich absolut nicht in Ordnung ist oder uns sogar schadet. In diesem Fall entstehen psychische Störungen. Zum Beispiel kann ein Burn-out entstehen, wenn man den Eindruck hat, viel mehr schaffen zu müssen, als man in der Lage ist.

Depressionen können sich beispielsweise entwickeln, wenn man allein ist, aber das Gefühl hat, unbedingt einen Partner zu brauchen. Essstörungen können entstehen, wenn man von anderen anerkannt werden möchte, aber den Eindruck hat, wegen seiner Figur abgelehnt zu werden. Es gibt noch viele weitere Beispiele, die ich hier aber nicht alle aufführen möchte. Psychische Störungen sind also das Produkt falscher Entscheidungen oder aber eines Hin- und Hergerissen-Seins zwischen zwei Ansichten, wie zum Beispiel beim Borderline-Syndrom.

Menschen, die an dieser Persönlichkeitsstörung leiden, schwanken zwischen der Ansicht, alle anderen wollen ihnen etwas Böses, und der Einstellung, sie selbst seien nicht gut genug für andere. Dies ist auf traumatische Erfahrungen in der Kindheit zurückzuführen, die ihnen das Gefühl gegeben haben, für andere nichts wert zu sein. Nicht immer müssen psychische Störungen entstehen, nur weil ein falscher Eindruck in der Psyche vorhanden ist. Oft wird man auch einfach „nur" unglücklich und gestresst.

Wie aber kann es dazu kommen, dass unsere Psyche (bzw. unser Gehirn, wo die psychischen Prozesse wie alles andere stattfinden) sich für die „falsche Seite" entscheidet? Der Grund dafür sind sogenannte Glaubenssätze. Das sind innere Überzeugungen, die wir durch einen natürlichen Lernprozess entwickeln. Wir nehmen etwas wahr, sei es ein Ereignis, ein Verhalten anderer, eine Aussage in einem Gespräch, ein Medienbericht, allgemeine Ansichten der Gesellschaft oder die Bedingungen, in denen wir leben. Als Neugeborenes geschieht das noch weitgehend wertfrei, da wir noch kaum „vorbelastet" durch vorige Erfahrungen sind. Jedoch bekommen wir durch die Bauchdecken der Mutter in der Schwangerschaft bereits deren Reaktionen übertragen und „wissen" daher, was gut oder schlecht ist. Als Babys und Kleinkinder lernen wir zum einen durch Beobachten der Mitmenschen (was macht diese glücklich, traurig, wütend, ängstlich etc.) und übernehmen deren Bewertung, zum anderen lernen wir durch körperliche Gefühle. Schmerz, aber auch zum Beispiel Urängste, Schreck, Wohlfühlen bei körperlicher Geborgenheit und Zärtlichkeit, sind instinktive Gefühle. Wir verbinden also immer zwei Wahrnehmungen (Ereignis und Reaktion anderer oder Ereignis und eigenes Gefühl). Daraus merken wir uns, welches Ereignis welches Gefühl hervorruft. Wenn alles gut läuft, ist dieser Lernprozess sehr wertvoll, denn wir lernen (im Idealfall), uns richtig zu verhalten und Situationen richtig einzuschätzen.

Nun kann es aber auch zum Beispiel sein, dass wir uns vor etwas eigentlich Harmlosem sehr erschrecken, wenn es unerwartet kommt (zum Beispiel ein plötzlicher lauter Ton), und das womöglich noch während wir etwas anderes Harmloses oder Schönes tun. Zum Beispiel bricht beim Spielen im Baumhaus ein heftiges Gewitter los.

Beides wird in dem Moment unbewusst mit „Gefahr“ verbunden und wir haben fortan nicht nur Angst vor Gewitter, sondern trauen uns auch nicht mehr ins Baumhaus. Insbesondere Erfahrungen aus der frühen Kindheit speichern sich sehr tief im Unterbewusstsein ab, da wir zu der Zeit noch nicht in der Lage sind, vernünftig darüber nachzudenken und sie zu verarbeiten. Was im oben genannten Beispiel noch harmlos ist, kann zum Beispiel bei Misshandlung oder Vernachlässigung dazu führen, dass der betroffene Mensch sein Leben lang Angst vor Menschen hat oder sich wertlos fühlt (weil er es nach seinem Empfinden nicht wert war, besser behandelt zu werden).

Auch im späteren Alter finden diese unbewussten psychischen Reaktionen aber weiter statt, jedenfalls wenn man nicht bewusst die negativen Ereignisse bearbeitet. Zum Beispiel sorgt Mobbing in der Schule ebenfalls für ein Gefühl der Wertlosigkeit, ein Autounfall für Angst vor dem Autofahren, ein schlechtes Essen in einem Restaurant führt dazu, dass man kein Restaurant der betreffenden Nationalität mehr betritt, und betrogen zu werden, sorgt für Misstrauen in alle zukünftigen Partner.

Nicht das Ereignis selbst führt aber zu der psychischen Folge, sondern das, was wir daraus abspeichern bzw. wie wir damit umgehen.

Machen wir uns nicht vernünftig klar, dass das Ereignis keine allgemeine Aussagekraft hat, bewerten wir Zukünftiges auf der Basis unserer vergangenen Erfahrungen und verallgemeinern bestimmte Situationen oder das ganze Leben. Das kann auch im Guten erfolgen, wenn man nur Gutes in einer bestimmten Situation erlebt hat. In jedem Fall ist es Unsinn, denn man beurteilt ALLES aufgrund einzelner Erfahrungen.

Weil etwas in der Vergangenheit passiert ist, passiert es nicht automatisch auch in der Zukunft, und weil ein Mensch sich schlecht verhalten hat, tun es nicht alle anderen auch. Doch so funktioniert unser Gehirn, wenn wir nicht darauf aufpassen. Wir lernen für das Leben wie für eine Mathearbeit – eine Formel wird erstellt und auf alle passenden Vorgänge angewendet. Ähnlich wie bei schulischen Merksätzen nennt sich das, was sich dabei im Gehirn bildet, dann auch „Glaubenssätze". Wir haben unzählige solcher Formeln, angefangen bei „Wenn man unter Leute geht, muss man gut aussehen" bis zu „Ich darf meine Gefühle nicht vor anderen zeigen" oder „Ich muss perfekt sein, damit jemand mich mag". Ohne einige Glaubenssätze würde unser gesellschaftliches und persönliches Leben nicht funktionieren und sie können sogar lebensnotwendig sein („Bei Rot muss man anhalten", „Du darfst nicht töten", „Kartoffeln muss man kochen, damit sie essbar sind").

Eigentlich dient der Lernprozess dazu, das Leben zu erleichtern und vor Gefahren zu schützen. Aber es ist ein Prozess, der immer in Gang gesetzt wird, egal, um was für ein Ereignis es sich handelt. Da die aktuelle Bewertung auf den Glaubenssätzen der Vergangenheit beruht, verselbstständigt sich der Prozess auch noch leicht und ein Umdenken ist nur noch aktiv möglich (und auch das ist schwer, insbesondere bei schon lange vorhandenen Glaubenssätzen). In negativen Glaubenssätzen kann man regelrecht gefangen sein und sie können erheblichen Einfluss auf das Leben nehmen. Ist man überzeugt, dass das Leben nichts Schönes bereithält, nimmt man nur das Schlechte wahr und alles Gute geht an einem vorbei. Hat man Angst vor Höhe, kann man ggf. seinen Traumjob nicht ergreifen, wenn man dafür in den 20. Stock müsste (oder gern Architekt werden würde).

Wenn man denkt, jede Art von Arbeit machen zu müssen, um das finanzielle Überleben zu sichern, verausgabt man sich und ist unzufrieden. Wenn man glaubt, dass man nicht gut genug für andere ist, meidet man Kontakte oder verbiegt sich. Die Liste wäre unendlich fortzusetzen. Der Schlüssel zum Glück liegt also in uns selbst – wenn wir die eigene Einstellung, die eigenen Glaubenssätze ändern, dann können wir auch unser Leben ändern.

3. Wahres Glück kommt von innen – Philosophische Betrachtungen

Um zum echten Glück zu finden, lohnt es sich, zuerst einmal auf die Philosophie zu schauen. Seit über 2000 Jahren sind die großen Denker aller Kulturkreise nämlich dem Glück auf der Spur. Sie hatten und haben zwar teilweise verschiedene Ansichten, manchmal sogar entgegengesetzte, aber sind sich in wichtigen Aspekten einig – ganz besonders in einem: Jeder kann glücklich sein, denn das wahre Glück kommt nur aus dem eigenen Inneren und ist unabhängig von den Lebensumständen. Statt Ihnen nun die verschiedenen philosophischen Strömungen von fast drei Jahrtausenden zu beschreiben und Sie damit vielleicht unglücklich zu machen, weil Sie sich langweilen, möchte ich Ihnen anhand einiger Zitate bekannter Philosophen das echte Glück erklären.

„Glück verheißend allein ist friedvolles Tun, Unglück verheißend das Handwerk des Krieges.“ (Laotse)

Dieses 2500 Jahre alte Zitat des Begründers des Taoismus spricht eigentlich für sich – nur im Frieden kann Glück entstehen, und nur wenn Frieden herrscht, kann es fortbestehen. Krieg bringt Leid und Zerstörung, Menschen sterben, die Natur wird beschädigt. Krieg ist negative Energie pur und in negativer Energie kann kein Glück existieren. Glück ist Liebe, Harmonie, Gerechtigkeit und Freundlichkeit – das alles gibt es im Krieg nicht. Krieg beginnt schon im Kleinen: ein neidischer Blick, ein schnippischer Kommentar, ein unwirscher Ton, ein kaltes Schweigen, Diskriminierung, Mobbing, Ausbeutung, Intrigen. Jede Art von unfreundlichem Verhalten ist eine Form des Krieges. Um glücklich zu werden (und zu bleiben), muss man sich daher friedfertig gegenüber allen Menschen und auch allen anderen Lebewesen verhalten. So kann man Glück für andere und für sich selbst bewirken, denn die eigene Freundlichkeit bewirkt auch in einem selbst Harmonie.

„Das wahre Glück ist: Gutes zu tun." (Sokrates)

Nicht „nur" Frieden, sondern gute Taten fordert einer der bekanntesten altgriechischen Philosophen. In der Philosophie der griechischen Antike spielte tugendhaftes Verhalten eine entscheidende Rolle, man sollte sich gerecht gegenüber den Mitmenschen und respektvoll gegenüber der Natur verhalten. Nur dann entspreche man dem Willen seiner Seele und könne insofern mit ihr im Einklang leben. Das wahre Glück besteht laut der antiken Philosophie darin, seinem Leben einen Sinn zu geben, und zwar nicht nur für sich selbst, sondern für andere Menschen und die Welt.

Wenn man dies nicht tut, also zum Beispiel Menschen diskriminiert oder die Natur zerstört, kann man nicht glücklich werden. Nichts Schlechtes zu tun, ist schon einmal gut, aber darüber hinaus sollte man einen Beitrag zu einer besseren Welt leisten, indem man aktiv hilft. Das kann heißen, dass Sie Menschen in Ihrem Umfeld unterstützen, ihnen zum Beispiel bei ihren Problemen zuhören, älteren Menschen beim Einkaufen oder im Haushalt helfen, eine Hummel vor dem Ertrinken retten, einen Baum pflanzen oder einem Obdachlosen ein paar Euro geben – Gutes fängt im Kleinen an. Es kann aber auch heißen, dass Sie sich in einer Umweltschutzorganisation oder in einem sozialen Projekt überregional oder international engagieren.

„Das Geheimnis des Glücks ist die Freiheit, das Geheimnis der Freiheit aber ist der Mut." (Thukydides)

Der altgriechische Historiker hatte mit dieser Weisheit einen sehr fortschrittlichen Gedanken, der schon fast psychologisch anmutet.

Freiheit als Schlüssel zum Glück – hierauf basieren unsere modernen Gesellschaften. Jeder Mensch darf (solange er keinem anderen schadet) das tun und lassen, was er will, zum Beispiel seine eigene Meinung sagen, seine Beziehung und Religion frei wählen. Vor ein paar hundert Jahren war das in Europa noch anders und in vielen Ländern der Erde gibt es solche Freiheiten noch immer nicht. Freiheit bedeutet aber auch, sich selbst zu verwirklichen, seinen eigenen Weg zu gehen, ungeachtet des Urteils anderer. Hier sind wir wieder bei den Glücksmythen – frei zu sein heißt, sich eigene Ziele und Werte zu erschaffen und nicht das zu tun, was andere einem sagen.

Um frei sein zu können, benötigt man jedoch Mut, denn man ist für sich selbst verantwortlich. Normen geben Sicherheit, man kann sich an ihnen festhalten, auch wenn man dabei nicht glücklich wird. Freiheit ist riskant, mitunter ist man ganz allein und schwimmt gegen den Strom. Deshalb folgen so viele den gesellschaftlichen Standards und versuchen, ein Glück zu erreichen, das nicht ihres ist – aus Angst, anders zu sein. Circa 2000 Jahre später fand der existenzialistische Philosoph und Schriftsteller Jean-Paul Sartre hierfür ein Wort: Selbstbetrug.

„Verzage nicht, auch bei allzu großem Leid; vielleicht ist das Unglück die Quelle eines Glücks." (Menander)

Glück im Unglück? Das ist ein Sprichwort, aber gibt es das wirklich? Ja, meinte der griechische Komödiendichter und außer ihm auch noch viele andere Philosophen. Insbesondere in der Stoa (einer großen altgriechischen Strömung, die bis heute existiert) wird die Ansicht vertreten, dass das Schlechte nicht schlecht sein muss, sondern es nur darauf ankommt, wie man es sieht und was man daraus macht.

In vielen Fällen stimmt das, doch wir übersehen meist die positiven Aspekte eines Ereignisses, weil wir zu beschäftigt sind, uns über das Negative zu ärgern und zu sorgen. Nehmen wir nur einmal das Beispiel einer Scheidung: Sie ist oft schmerzlich und wirbelt das ganze Leben durcheinander, mindestens eine/r muss sich ein neues Zuhause suchen, die Kinderbetreuung muss aufgeteilt werden, auf beide kommen höhere Kosten zu und wenn eine/r Hausfrau oder -mann war, muss er/ sie jetzt auch arbeiten gehen. Eine Scheidung heißt aber auch, dass eine Beziehung, die zerrüttet war, nun vorbei ist und Sie in eine Zukunft mit weniger Streit blicken. Darüber hinaus haben Sie nun mehr Freiraum und müssen keine Kompromisse im Zusammenleben mehr eingehen, Sie können sich mehr um sich selbst kümmern und haben die Möglichkeit, jemand Neues kennenzulernen, mit dem/ der Sie vielleicht harmonischer zusammenleben.

„Glücklich ist nicht, wer anderen so vorkommt, sondern wer sich selbst dafür hält." (Seneca)

Und noch eine Stimme gegen die Glücksmythen – der römische Stoiker bringt es auf den Punkt: Glück kann nicht von außen gemessen werden, es gibt keine allgemeinen Standards und der Schein ist oft anders als das Sein. Die meisten Menschen häufen vermeintliches äußeres Glück an und erschaffen sich so eine strahlende Fassade. Jeder denkt: „Muss der/ die aber glücklich sein!" Doch hinter der Fassade nagen Sorgen und Selbstzweifel am Glück und der Druck, den dieser Mensch sich aufgebaut hat, raubt ihm den Schlaf. Was, wenn die Fassade bröckelt? Was werden die Leute denken?

Krampfhaft wird alles versucht, um den glücklichen Schein zu wahren, und so wird die Unzufriedenheit dahinter immer größer. Glücklich macht nicht das, was man um sich herum aufbaut, auch wenn das noch so groß ist. Glücklich kann alles machen, selbst das Allerkleinste, was anderen Menschen absolut wertlos erscheint. Glück entsteht allein aus der Zufriedenheit mit sich selbst.

„Denn ein Herz voll Freude sieht alles fröhlich an, ein Herz voll Trübsal alles trübe.“ (Martin Luther)

Eigentlich kein Philosoph, sondern Theologe, und doch sehr philosophisch war Luther mit diesem Ausspruch. Er zeigt damit, wie wichtig es ist, sich gut zu fühlen, wenn man glücklich sein will. Das klingt zwar wie eine unlösbare Aufgabe, denn eigentlich will man glücklich sein, um sich gut zu fühlen, jedoch kann man unglücklich nicht glücklich werden. Wenn der Kopf voll negativer Gedanken und das Herz voll negativer Gefühle ist, hat das Glück keine Chance, denn man sieht immer nur das Unglück. Das Schlechte vernebelt den Blick auf das Gute und insofern kann man es nicht in sein Leben aufnehmen. Deshalb ist es so wichtig, sich aus dem Strudel negativer Gedanken und Gefühle zu befreien, den ich im letzten Kapitel schon beschrieb. Wie das geht, erfahren Sie in Kapitel 5.

„Das Glück gehört denen, die sich selbst genügen. Denn alle äußeren Quellen des Glückes und Genusses sind, ihrer Natur nach, höchst unsicher, misslich, vergänglich und dem Zufall unterworfen.“
(Arthur Schopenhauer)

Ungefähr 2000 Jahre nach den alten Griechen, Buddha und dem Taoismus formulierte der Dichter und Philosoph die alten Gedanken erneut und brachte sie unmissverständlich auf den Punkt. Wenn man sein Glück an äußere Umstände knüpft, wird man zum Spielball des Schicksals. Glück wäre dann höchstens ein vorübergehender Zustand, der bis zum nächsten Rückschlag hält, und so wäre das Leben eine Achterbahnfahrt. Für viele Menschen ist es das auch, aber nur, weil sie ihr Glück an die falschen Dinge knüpfen. Wenn man mit sich selbst zufrieden ist und das Glück allein aus dem eigenen Inneren bezieht, kann man konstantes Glück erleben und lässt sich durch nichts aus der Bahn werfen.

„In uns selbst liegen die Sterne unseres Glücks." (Heinrich Heine)

„Glück ist kein Geschenk der Götter, sondern die Frucht innerer Einstellung." (Erich Fromm)

Der Schriftsteller Heine und der Psychoanalytiker Fromm formulierten hier auf sehr viel schönere Art den Spruch: „Jeder ist seines Glückes Schmied." Jeder Mensch trägt für sein eigenes Glück selbst die Verantwortung. Keiner kann es ihm nehmen, aber auch keiner kann es ihm geben. Nur er selbst kann wissen, wie dieses Glück aussieht, und nur er selbst kann es finden. Das kann bedeuten, dass man einfach mit seinem Inneren zufrieden sein soll, es kann aber auch heißen, dass man in sich selbst die Kraft und die Anleitung findet, um die Ziele zu verwirklichen, die der persönlichen Bestimmung entsprechen.

„Es gibt nur ein Mittel, sich wohlzufühlen: Man muss lernen, mit dem Gegebenen zufrieden zu sein, und nicht immer das verlangen, was gerade fehlt." (Theodor Fontane)

„Der entscheidende Schlüssel zum Glück ist, mit dem zufrieden zu sein, was man im Augenblick ist und hat. Diese innere Zufriedenheit verändert Ihren Blick auf die Dinge, sodass Ihr Geist in Frieden verweilen kann." (Dalai Lama)

Diese beiden Zitate zeigen, wie wichtig es ist, das Gute im Hier und Jetzt zu sehen. Man soll erkennen, wie gut es einem geht, und dankbar dafür sein, denn vielen geht es schlechter. Statt nach mehr zu streben, soll man einfach glücklich sein, so wie alles ist. Dadurch vermeidet man, sich an negativen Gedanken aufzureiben, findet Gelassenheit und weiß sein Leben wertzuschätzen. Es entstehen Ruhe und Kraft, und aus dieser inneren Harmonie folgt das Glück automatisch.

„Glück ist das einzige, das sich verdoppelt, wenn man es teilt.“ (Albert Schweitzer)

Glücklich zu sein, ist schön und gut, dachte sich der Mathematiker und Philosoph, doch wäre es nicht noch viel schöner, wenn man andere damit glücklich machen könnte? Und er hat recht – wenn man die eigene Freude mit jemandem teilen kann, dann freut man sich umso mehr, denn dieser Mensch freut sich auch. Wenn andere Menschen sich freuen, erwärmt dies das eigene Herz, und so macht es tatsächlich glücklich, Glück zu geben. Das heißt aber nicht, dass Sie Ihren Mitmenschen erzählen sollen, wie glücklich Sie sind, sondern dass Sie tatsächlich etwas von Ihrem Glück abgeben sollen (keine Sorge, Sie bekommen es doppelt zurück). Wenn Sie sich wohlfühlen, sollten Sie etwas dafür tun, dass andere sich auch wohlfühlen, ob Sie ihnen nun ein schönes Essen kochen, etwas mit ihnen unternehmen oder ihnen zur Seite stehen, wenn sie Probleme haben. Geben Sie auch etwas von Ihrem Glück an Ihnen unbekannte Menschen und die Natur ab, um unseren Planeten zu einem gerechteren, gesünderen Ort zu machen – von diesem Glück haben wir alle etwas.

„Ja, so sind die meisten Menschen. Die Unglücksfälle schreiben sie sich ins Gedächtnis und memorisieren sie fleißig; aber das Glück, das viele Glück beachten sie nicht.“ (Paula Modersohn-Becker)

Die Künstlerin fasste in Worte, was Neurologen und Psychologen später erkannten: Der Mensch neigt dazu, sich das Negative viel besser zu merken als das Positive. Geschieht ein schlechtes Ereignis, wird darüber alles vergessen, das gut war. Und so sehen wir auch im Hier und Jetzt mehr das Schlechte als das Gute, obwohl es so viel kleines und großes Glück gibt, das darauf wartet, entdeckt zu werden. Dieser Hang zum

Negativen macht es uns schwer, glücklich zu sein, egal, wie gut die Lebensumstände sind, und erschafft viele Ängste und Sorgen.

„Wenn alt gewordene Menschen sich darauf zu besinnen suchen, wann, wie oft und wie stark sie Glück empfunden haben, dann suchen sie vor allem in ihrer Kindheit, und mit Recht, denn zum Erleben des Glückes bedarf es vor allem der Unabhängigkeit von der Zeit und damit von der Furcht sowohl wie von der Hoffnung, und diese Fähigkeit kommt den meisten Menschen mit den Jahren abhanden." (Hermann Hesse)

Sehr wahr – zu Beginn unseres Lebens sind wir noch frei, können einfach leben und erkennen die kleinen Wunder des Lebens als etwas ganz Großes. Ein Tautropfen, in dem sich die Sonne fängt, ein Marienkäfer, der erste Urlaub am Strand, die erste Eiscreme, beim Spielen in die Rolle eintauchen und alles um sich herum vergessen, lachen, spontan sein, hinfallen und wieder aufstehen. Kinder haben eine andere Sicht auf die Welt, denn sie sind noch nicht mit dem Stress des Alltags und den Ansichten der Gesellschaft belastet. Kinder bewundern die Natur, haben keine Vorurteile gegenüber anders aussehenden oder andersdenkenden Menschen und gehen unvoreingenommen an neue Situationen heran. Sie leben einfach – und das ist echtes Glück. Um als Erwachsener glücklich zu werden, wäre es hilfreich, wieder ein Kind sein zu können – ein paar Tipps, wie das geht, habe ich später noch für Sie.

„Das Glück des Menschen – ich habe seine tiefsten Gründe gesucht, und das habe ich herausgefunden: Der Grund liegt nicht im Geld oder Besitz oder Luxus, nicht im Nichtstun oder Geschäfte machen, nicht im Leisten oder Genießen. Bei glücklichen Menschen fand ich immer als Grund tiefe Geborgenheit, spontane Freude an kleinen Dingen und eine große Einfachheit." (Phil Bosmans)

Jeder kann glücklich sein, egal, wie er lebt, wie viel er besitzt und welche Fähigkeiten er besitzt, das wussten lange vor Bosmans auch schon die alten Griechen und Asiaten. Es kommt nicht auf materiellen Besitz an und auch auf keinen immateriellen Komfort wie Freizeit oder Anerkennung. Es kommt darauf an, sich so, wie man ist, wohlzufühlen, keine hohen Ansprüche zu haben und alles Gute zu schätzen zu wissen, auch wenn es noch so unbeachtlich erscheint.

„Man weiß selten, was Glück ist, aber man weiß meistens, was Glück war." (Françoise Sagan)

Dieses Zitat bringt noch einmal auf den Punkt, was ich Ihnen schon im zweiten Kapitel erklärte: Wir verpassen den Augenblick und damit das Glück. Leben findet immer nur im aktuellen Moment statt, und nur da, wo man gerade lebt, kann man Glück empfinden. Auf vergangene schöne Erlebnisse zurückzublicken und sich bewusst zu werden, dass dies Glück war, ist zwar immerhin besser, als das Glück gar nicht zu erkennen, jedoch kann man das vergangene Glück nicht mehr genießen. Deshalb sollten Sie aufmerksam durchs Leben gehen und immer darauf gefasst sein, dass Ihnen das Glück begegnet. Das wird es in jedem Augenblick, denn es besteht nicht aus einzelnen großen Ereignissen, sondern aus vielen kleinen Dingen, die oft als unbedeutend verkannt werden.

„Es gibt keinen Weg zum Glück. Glücklichsein ist der Weg." (Siddhartha Gautama Buddha)

Wie sieht vollkommenes Glück aus? Das kann man sich höchstens noch vorstellen, aber diese Perfektion zu erlangen, ist normalerweise nicht möglich. Das ist laut Buddha aber kein Grund, es nicht zu versuchen, denn bereits, wenn Sie in die richtige Richtung gehen, ist das Glück. Jeder Schritt bringt Sie weiter, denn es bedeutet, dass Sie im Einklang mit Ihrem eigenen Inneren und – gemäß buddhistischer sowie auch stoischer Philosophie – auch mit der Welt leben. Glücklich zu sein, bedeutet demnach, moralisch richtig zu handeln, sich nicht von Gefühlen blockieren zu lassen, die eigene Verantwortung für das persönliche Glück zu übernehmen und die Natur zu achten. Wer glücklich werden will, der bemüht sich, diesen Grundsätzen zu folgen, und führt insofern bereits ein glückliches Leben.

4. Dem Glück auf der Spur - Positive Psychologie

ENTSTEHUNG & GRUNDBEGRIFFE

Mit der positiven Psychologie hat sich zum Ende des 20. Jahrhunderts eine ganz neue Sparte der psychologischen Wissenschaft gebildet. Der Begriff wurde erstmals von Abraham Maslow in den 1950er-Jahren verwendet, als er in seinem Buch „Motivation and Personality" kritisierte, dass die Psychologie sich ausschließlich mit den problematischen Zuständen des Menschen beschäftigt. Bevor es die positive Psychologie gab, wurde tatsächlich nur erforscht, auf welche Arten und warum ein Mensch psychische Störungen oder Krankheiten entwickeln kann und wie es möglich ist, diese zu heilen. Wie man aber verhindern kann, dass die Psyche derart beeinträchtigt wird, dass sie krank wird, und wie man möglichst sogar den seelischen Zustand verbessern kann, war bis dahin unbeachtlich. Nach Maslows Einwand geschah trotzdem fast 40 Jahre keine Änderung. Erst Prof. Dr. Martin Seligman entwickelte aus der Idee eine Wissenschaft und brachte den Begriff 1998 in seiner Antrittsansprache als Vorsitzender der American Psychological Association in die psychologische Welt ein. Als sein Ziel erklärte er:

„Es geht nicht mehr nur darum, Schäden zu begrenzen – und von minus acht auf minus zwei der Befindlichkeitsskala zu kommen –, sondern wie wir uns von plus zwei auf plus fünf verbessern können."

Die positive Psychologie ist etwas anderes als die anderen psychologischen Strömungen, denn sie richtet sich an psychisch gesunde Menschen. Sie ist keine Therapieform, sondern kann von jedem Menschen selbst angewendet werden. Oft kommt sie auch in Persönlichkeits- und

Mitarbeitercoachings zum Einsatz. Zuerst wird durch Selbstreflexion (also Beobachten und Deuten der eigenen Gedanken und Gefühle) festgestellt, wie zufrieden Sie aktuell mit sich und Ihrem Leben sind und welche positiven Faktoren es einerseits und verbesserungswürdigen Aspekte es andererseits gibt. Dann wird der Fokus auf das Positive gelegt, um so Ihre Einstellung zu sich selbst und dem Leben zu verbessern. Die positive Psychologie wird zum Beispiel eingesetzt, um gelassener zu werden, Stress zu verhindern, das Leben mehr genießen zu können, Selbstbewusstsein aufzubauen, mehr Energie zu haben, die persönlichen Ziele zu finden und zu erreichen, aber auch um Krisen zu überwinden, negative Gedanken und Gefühle loszuwerden und psychischen Störungen wie Depressionen oder Burn-out vorzubeugen.

Nicht ganz von selbst kam Seligman allerdings auf die Idee, sondern seine damals fünfjährige Tochter veranlasste ihn dazu. Sie sollte ihm eines schönen Tages beim Unkraut jäten helfen, aber das kleine Mädchen hielt nichts davon, die Pflänzchen auszurupfen. Stattdessen hüpfte sie durch den Garten und beobachtete Schnecken. Als ihr Vater sie dafür anschrie, entgegnete sie gelassen, warum er sich denn immer so aufregen würde – sie habe es doch geschafft, mit dem Weinen aufzuhören, dann könnte er doch wohl aufhören, immer so schlechte Laune zu haben. Tatsächlich hatte Seligmans Tochter vor ihrem fünften Geburtstag immer viel geweint, aber zu diesem Datum hatte sie sich vorgenommen das nicht mehr zu tun und dies erfolgreich durchgezogen, allein durch ihren eigenen Willen. Seligman fragte sich nun, wie man auch als Erwachsener solche innere Stärke und eine positive, unbeschwerte Einstellung haben könnte, und begab sich auf die Suche.

Er durchforschte zusammen mit seinem Kollegen Prof. Dr. Christopher Peterson nicht nur psychologische Schriften, sondern insbesondere auch philosophische, religiöse und geschichtliche Aufzeichnungen aus allen Epochen und Kulturkreisen sowie auch Heldensagen, Tugendkataloge der Pfadfinder und Jugendbücher.

Dabei fanden die beiden Psychologen heraus, dass es frappierende Übereinstimmungen darüber gibt, was einen glücklichen Menschen auszeichnet - 24 Charakterstärken, die sechs Tugenden zugeordnet sind, führen demnach zu Glück. Das Wort „Charakter" ist dabei nicht so zu verstehen, wie es im allgemeinen Sprachgebrauch verwendet wird (als „Persönlichkeit"), sondern als individuelle Unterschiede in den Stärken und Tugenden. Alle 24 Stärken sollen zwar vom Ansatz her in jedem Menschen vorhanden sein, sie sind ihm also von seiner Seele mitgegeben und er kann sie theoretisch alle einsetzen, jedoch sind manche Charakterstärken stärker und andere schwächer ausgeprägt, und so unterscheiden sich die einzelnen Menschen. Im Gegensatz zu Talenten können Charakterstärken aber erlernt bzw. erweitert werden.

Um glücklich zu werden, muss man laut Seligman nicht alle Charakterstärken perfektionieren, sondern herausfinden, welche mittel bis stark ausgeprägt sind und diese möglichst oft anwenden. Es schadet aber natürlich nichts bzw. ist umso besser, wenn man alle Stärken möglichst weit entwickelt. In Studien wurde festgestellt, dass Menschen besonders glücklich sind, wenn sie ihre individuellen Stärken regelmäßig und in Kombination einsetzen. Besonders wichtig sind dabei die sogenannten Signaturstärken – das sind die drei bis sieben am höchsten ausgeprägten Stärken. Insbesondere bei der Arbeit ist es für die Zufriedenheit entscheidend, dass man die persönlichen Signaturstärken einsetzen kann.

Und wie können Sie nun herausfinden, welche Ihre Stärken sind? Hierfür wurde ein Test entwickelt, den Sie unter www.charakterstaerken.org ausfüllen können. Sie können aber auch die Beschreibungen im folgenden Unterkapitel lesen und sich selbst beobachten, welche

Verhaltensweisen Sie bereits bei sich erkennen und welche Sie gern entwickeln würden.

TUGENDEN & CHARAKTERSTÄRKEN

Tugend 1: Weisheit/ Wissen

Weisheit oder Wissen bedeutet nicht, möglichst intelligent zu sein, sondern die persönlichen geistigen Fähigkeiten zu nutzen, sich zu informieren, weiterzubilden und vor allem selbstständig zu denken.

Kreativität: Im allgemeinen Verständnis bedeutet Kreativität, dass man ein Bild malt, Musik macht, etwas baut, gestaltet oder sich etwas Fantasievolles ausdenkt. Das alles können Sie, je nachdem, wo Ihre Talente liegen, in Ihren Alltag einbinden (ein paar Anregungen dazu gibt es später noch). Das ist aber gar nicht in erster Linie, was mit dieser Kreativität hier gemeint ist. Kreativ zu sein, bedeutet im Sinne von Weisheit, seinen Verstand einzusetzen, Lösungen für Probleme und Herausforderungen zu finden und sich zu überlegen, wie man das eigene Leben und die Welt verbessern kann.

Neugier: Neugier muss man eigentlich schon haben, um sich weiterbilden und informieren zu können, denn schließlich bildet sie den Antrieb dafür. Wer neugierig ist, hört nicht nur die Nachrichten, sondern informiert sich selbstständig aus verschiedenen Quellen, nimmt am Leben anderer teil, möchte alles verstehen und probiert etwas Neues aus, sei es eine neue Joggingstrecke, ein neues Hobby, Kontakt mit Menschen aus anderen Kulturen oder gemeinnützige Hilfe.

Urteilsvermögen: Urteilsfähigkeit ist die Voraussetzung für selbstständiges Denken, denn sie beinhaltet, nicht alles zu glauben, was andere erzählen. Ein urteilsfähiger Mensch bildet sich seine eigene Meinung, indem er das Für und Wider abwägt und sich selbstständig informiert. Das heißt zum Beispiel, Medienberichte kritisch zu hinterfragen,

Parteiprogramme vor der Wahl eingehend zu studieren, die Auswirkungen des eigenen Verhaltens zu überblicken oder die Vor- und Nachteile einer Entscheidung zu überdenken.

Liebe zum Lernen: Auch Liebe zum Lernen braucht man, um weise zu werden, denn wer nicht gern lernt, ist oft zu faul, um sich eigene Kenntnisse und selbstständiges Urteilsvermögen anzueignen. Wer das Lernen liebt, der lässt seinen Geist nicht lange ruhen, sondern sucht ihm immer wieder neue Beschäftigungen. Das kann durch Lesen von Büchern oder Hören von Podcasts geschehen, aber zum Beispiel auch, indem Sie einen Kurs besuchen, eine Fortbildung machen, sich die Geschichten von Zeitzeugen anhören, anderen Menschen bei einer Tätigkeit zuschauen oder sich ein eigenes Projekt vornehmen, das Sie in „Learning by doing" umsetzen.

Weitsicht: Wenn man doch in die Zukunft schauen könnte ... Das kann man, wenn man diese Stärke besitzt. Natürlich kann man keine genauen Ereignisse vorhersagen, doch man kann sich in eine zukünftige Position versetzen und sein eigenes Leben rückwirkend betrachten – wie schlimm waren die Probleme, die Sie heute haben, dann wirklich? Wie sieht Ihr Leben aus und wie sind Sie vielleicht dahin gekommen? Weitsicht bedeutet aber auch, die Folgen des eigenen Handelns zu überblicken, also nicht einfach ins Blaue hineinzuleben, sondern sich bewusst zu sein, durch welches Verhalten und welche Entscheidungen man welche Entwicklungen im eigenen Leben und in der Welt auslöst oder vorantreibt. Auf die Art erkennen Sie, was Sie nicht tun sollten, wenn Sie die Welt für alle als einen Ort erhalten wollen, auf dem gutes (glückliches) Leben möglich ist, und was Sie tun können, um eine positive Entwicklung herbeizuführen.

Tugend 2: Mut
Mutig zu sein, heißt nicht, dass Sie ein/e Draufgänger/in sein müssen. Es geht um innere Stärke und die Fähigkeit, Schwierigkeiten und Ängste zu überwinden.

Tapferkeit: Tapfer zu sein heißt, Schwierigkeiten zu ertragen, sich nicht unterkriegen zu lassen und nach vorn zu schauen. Wann immer sich im Alltag eine kleine oder große Schwierigkeit in den Weg stellt, können Sie dies üben. Tapfer zu sein, heißt auch, auf etwas zu verzichten, das man gern haben oder tun würde. Zum Beispiel nehmen Sie nicht das letzte Stück Kuchen, wenn Ihr Kind dies haben möchte, oder gehen Sie zu Fuß, um das Klima zu schonen. Tapfer sind Sie auch, wenn Sie zu Ihren Fehlern stehen, anstatt die Verantwortung auf jemand anderen zu schieben, und wenn Sie über Ihren eigenen Schatten springen und etwas tun, das Ihnen Mut abverlangt (natürlich nichts wirklich Gefährliches, sondern einfach vielleicht mal Ihre Meinung zu sagen).

Ausdauer: Ausdauer bedeutet so viel wie Disziplin – man bleibt bei der Sache, verfolgt ein Ziel und lässt sich davon nicht abbringen, auch wenn es nicht gleich funktioniert, länger dauert oder es dabei Schwierigkeiten gibt. Um das zu üben, suchen Sie sich immer wieder kleine Projekte, die eine gewisse Zeit und Mühe in Anspruch nehmen, zum Beispiel lernen Sie einen Sport oder ein anderes Hobby. Ausdauer heißt aber auch, für längere Zeit auf etwas verzichten zu können. Zum Beispiel schränken Sie sich bei Ihrem Konsum ein, kaufen Sie keine neue Kleidung, fahren Sie mit dem Fahrrad statt mit dem Auto, benutzen Sie weniger (oder gar keine) Computer, Smartphones oder Ähnliches.

Ehrlichkeit: Eine Stärke, die vielen Menschen fehlt, ist Ehrlichkeit. Man neigt dazu, sich vor anderen und vor sich selbst zu verstellen, um einen besseren Eindruck zu machen, doch wirklich glücklich macht das nicht, denn es nagt das schlechte Gewissen innerlich an einem. Natürlich muss man abwägen, was klug ist und was nicht (dem Chef zu sagen, dass man ihn nicht leiden kann, ist sicher keine gute Idee), aber grundsätzlich ist Ehrlichkeit wichtig. Geben Sie zu, wenn Sie etwas nicht können oder einen Fehler gemacht haben, so ersparen Sie sich viele schlaflose Nächte. Überlegen Sie vor allem auch, wo Sie zu sich selbst nicht ehrlich sind und etwas tun, das Sie nicht mit Ihren eigenen Wünschen oder Idealen vereinbaren können. Zum Beispiel wollen Sie abnehmen, aber reden sich ein, dass so eine Torte doch gar nicht so viele Kalorien hat, oder Sie wollen die Umwelt schützen, aber fahren ein Auto mit hohem Benzinverbrauch (oder vielleicht sogar Diesel?), oder Sie lieben Tiere, aber essen Fleisch aus Massentierhaltung.

Tatendrang: Tatendrang bedeutet, voller Energie zu sein und den Willen und Mut zu haben, seine Ziele zu verwirklichen und für sich und die Welt etwas Gutes zu bewirken. Nicht lange zögern, sondern handeln, denn Taten sagen mehr als Worte. Natürlich soll man sich vorher (urteilsfähig) einen guten Plan (oder auch mehrere) überlegen, aber dann nicht zweifeln, sondern loslegen. Nehmen Sie sich etwas vor, ob in Ihrem eigenen Leben, für andere Menschen oder für die Umwelt, und packen Sie es an.

Tugend 3: Menschlichkeit

Eigentlich sagt es der Name der Tugend schon – hier sind Sozialkompetenz und Einfühlungsvermögen gefragt.

Liebe: Liebe macht die Welt zu einem harmonischeren Ort, sie ist die Voraussetzung für gutes, soziales, gerechtes und respektvolles Miteinander und für die Achtung und den Schutz der Natur. Liebe, oder besser gesagt Liebesfähigkeit, ist eine große Stärke, denn sie gibt anderen Wesen ein gutes – glückliches – Gefühl. Empfinden Sie Liebe, lassen Sie dieses warme Gefühl zu und lieben Sie nicht nur die Ihnen nahestehenden Menschen, sondern auch die Tiere, die Pflanzen, den Sonnenschein, den Regen und einfach alles, was gut und sinnvoll ist. Vergessen Sie dabei auch nicht, sich selbst zu lieben und Liebe anzunehmen, denn wer sich selbst nicht liebt, kann auch nicht ehrlich in der Lage sein, Liebe zu geben.

Freundlichkeit: Nett, großzügig und hilfsbereit zu sein, darum geht es bei dieser Stärke. Freundlichkeit ist schon unter Familienmitgliedern und Freunden manchmal schwer zu finden, wenn mindestens einer im Stress ist und darüber vergisst, dass der andere Mensch doch gar nichts dafür kann (und selbst wenn er etwas dafür kann, sollten Sie trotzdem freundlich sein). Unter Fremden ist es dann meist ganz aus mit der Freundlichkeit. Am Busfahrer gehen alle stumm und missmutig vorbei, als wäre er eine Maschine, in der Bahn rennen sich alle wegen des letzten Sitzplatzes über den Haufen, im Job setzt man die Ellenbogen ein, um die eigene Karriere auf Kosten der anderen zu fördern, und hat ein Bekannter ein Problem, hat man plötzlich ganz viel zu tun, um ihm nicht zuhören oder helfen zu müssen. Vermeiden Sie all solche unfreundlichen Verhaltensweisen und seien Sie höflich, hilfsbereit, uneigennützig und respektvoll gegenüber allen Lebewesen (nicht nur den Menschen).

Soziale Kompetenz: Jetzt geht es um mehr als Freundlichkeit – soziale Kompetenz bedeutet, sich in andere Menschen einfühlen zu können und bereit zu sein, ihnen bei ihren Problemen zu helfen. Möchte jemand sich seine Sorgen von der Seele reden, egal, ob es der Partner, ein Freund, ein Nachbar oder ein Fremder ist, hören Sie ihm zu. Braucht er einen Rat oder eine helfende Hand, leisten Sie Unterstützung, so gut Sie können. Seien Sie dabei aber ehrlich zu ihm und zu sich selbst und versuchen Sie, keine Hilfe zu geben, die Ihre Möglichkeiten übersteigt, denn das hilft am Ende niemandem. In diesem Fall versuchen Sie lieber, jemand anderen zu finden, der helfen kann. Soziale Kompetenz bedeutet auch, sich über das Leid anderer zu informieren, zum Beispiel über Mangel an sauberem Wasser in Afrika, Kinderarmut oder Obdachlosigkeit, und den eigenen Möglichkeiten entsprechend zu helfen. In Ihrem Umfeld können Sie direkte Unterstützung leisten, zum Beispiel einem Obdachlosen etwas zu essen oder zum Anziehen schenken, ansonsten können Sie spenden.

Tugend 4: Gerechtigkeit

Gerechtigkeit ist die Basis unserer Gesellschaft und jeder wünscht sich, gerecht behandelt zu werden. Die Tugend besteht darin, zum Wohl anderer beizutragen, so wie Sie es sich auch wünschen würden, dass es Ihnen widerfährt (ohne aber zu erwarten, dass andere sich Ihnen gegenüber genauso verhalten, denn jeder sollte immer selbst so gut wie möglich sein).

Teamfähigkeit: Nicht nur im Beruf braucht man Teamfähigkeit, vielmehr handelt es sich um die Stärke, mit mehreren Menschen gemeinsam ein Ziel verfolgen und dabei die Aufgaben gerecht aufteilen zu können. Diese Fähigkeit benötigt man in einer Familie oder einer Wohngemeinschaft genauso wie bei Teamsport, einem gemeinsamen Vorhaben mit Freunden (zum Beispiel einer Feier oder einem Umzug) sowie auch bei aktiver Mitarbeit in einem gemeinnützigen Projekt oder einem Naturschutzverein. Überall, wo mehrere Personen zusammen etwas auf die Beine stellen oder am Laufen halten wollen, müssen die Aufgaben so verteilt werden, dass jeder etwas beiträgt und das tut, was er kann.

Fairness: Fair zu sein bedeutet, alle Menschen gleichzubehandeln und gleichermaßen zu achten. Gleichheit an Rechten ist zwar im Grundgesetz vorgesehen, aber in der Praxis suchen wir sie oft vergeblich. Fairness heißt, niemanden auszugrenzen, niemanden zu mobben, sich über niemanden lustig zu machen, allen die gleichen Chancen zu geben, niemanden auszunutzen, niemandem Gewalt anzutun. Jeder kann im Kleinen etwas dazu beitragen, dass unsere Welt fairer wird, indem er selbst absolut tolerant ist und jeden respektiert, egal, welches Geschlecht, welche Weltanschauung, welche Hautfarbe, welche Herkunft, welche sexuelle Orientierung, welche Bildung oder welche persönlichen Eigenschaften (äußerlich und innerlich) er hat. Auch andere Meinungen müssen Sie tolerieren, allerdings nur insofern, als diese nicht ungerecht sind.

Das gilt nicht nur in Bezug auf Menschen, sondern auch auf Tiere, Pflanzen und unseren Planeten an sich. Denn es ist nicht gerecht, sich etwas auf Kosten anderer zu nehmen und die Welt zu zerstören, in der unsere Kinder, Enkel, Urenkel und viele weitere Generationen glücklich leben wollen und die auch ohne den Menschen ein Recht auf ihre Existenz hat. Gerecht ist nicht, die Ressourcen zu verbrauchen, die in Zukunft noch benötigt werden. Gerecht ist auch nicht, die Luft zu verschmutzen, die andere atmen wollen. Gerecht ist nicht, das Klima zu zerstören, in dem unzählige menschliche, tierische und pflanzliche Lebewesen noch in ferner Zukunft leben möchten. Benutzen Sie deshalb so wenig Wasser, Heizung und Strom wie möglich, gehen Sie zu Fuß oder fahren Sie mit dem Fahrrad, und steigen Sie bei allem, wo es möglich ist, auf umweltschonende bzw. erneuerbare Quellen um.

Gerecht ist auch nicht, dass Tiere ein schreckliches Dasein in Massentierhaltung fristen, damit Sie zu billigen Preisen Fleisch auf dem Teller haben, oder dass Tiere in Versuchslaboren gequält werden, damit Sie Ihre Haut und Haare pflegen können. Kaufen Sie deshalb, wenn Sie überhaupt Fleisch oder Wurst essen müssen, nur aus Bioland-Haltung, und achten Sie bei Kosmetik darauf, dass sie „ohne Tierversuche" ausgewiesen ist. Auch ist nicht gerecht, wenn Menschen (sogar Kinder) zu Hungerlöhnen unter gefährlichen Bedingungen arbeiten müssen, damit Sie billige Kleidung kaufen können. Schauen Sie deshalb auf das Herkunftsland und vermeiden Sie den Kauf von Produkten „Made in Bangladesh", „Made in Cambodia" oder Ähnlichem. Gerecht ist auch nicht, dass unser aller „grüne Lungen", die Regenwälder, gerodet werden. Verzichten Sie deshalb auf den Kauf von Produkten mit Palmöl und kaufen Sie Holzprodukte nur mit FSC-Siegel. Ihnen fällt sicher noch mehr ein, was nicht gerecht ist – verbinden Sie doch gleich die Stärken Fairness, Weisheit, Neugier und Urteilsvermögen miteinander, so tragen Sie zu Ihrem eigenen Glück und dem Glück der ganzen Welt bei.

Führungsvermögen: Wenn Sie an der Spitze eines Teams stehen (weil Sie zum Beispiel der/die Abteilungsleiter/in sind oder Ihnen durch Ihre Freunde oder Familie die Verantwortung für ein Projekt übertragen wurde), müssen Sie in der Lage sein, alle im Team einzubeziehen und die Aufgaben so zu verteilen, dass niemand über- oder unterfordert wird. Dafür müssen Sie andere gut einschätzen können, aufmerksam beobachten und vor allem sinnvoll planen, denn auch die Abfolge der Schritte der einzelnen Beteiligten muss so durchdacht werden, dass alles Hand in Hand geht und dabei nicht nur produktiv und erfolgreich gearbeitet wird, sondern auch noch eine harmonische Stimmung herrscht.

Tugend 5: Mäßigung

Hier geht es um die Kontrolle der Gefühle, den Einsatz des Verstandes und vernünftiges Handeln.

Vergebungsbereitschaft: Vergeben fällt oft nicht leicht, besonders wenn man sehr verletzt wurde. Es ist jedoch wichtig, besonders wenn man mit dem betreffenden Menschen weiterhin Kontakt hat, aber auch für die eigene innere Ruhe. Zu vergeben heißt, mit dem Ereignis abzuschließen, das negative Gefühle ausgelöst hat, und Harmonie wiederherzustellen. Andauernder Groll wirkt hingegen belastend für alle, ganz besonders für Sie selbst. Wenn jemand also absichtlich oder unbeabsichtigt einen Fehler macht und Sie dadurch verletzt oder Ihnen einen Nachteil verursacht, dann verzeihen Sie ihm – und zwar unabhängig davon, ob er sich entschuldigt, und nicht nur mit Worten, sondern aus dem Herzen. Verzeihen Sie aber auch sich selbst, denn oft sind es die eigenen Fehler, die man sich am meisten vorwirft, sodass man eine negative Sicht auf sich selbst bekommt.

Bescheidenheit: Etwas gut zu können, attraktiv zu sein oder sich etwas leisten zu können, mag ja ganz nett sein, aber damit anzugeben, ist keine Tugend und macht nicht glücklich. Stellen Sie sich nicht in den Vordergrund, weder mit Ihren Leistungen noch mit sonst etwas, loben Sie sich nicht selbst und weisen Sie auch nicht darauf hin, wie „großartig" Sie sind. Sie können sich still in sich drin darüber freuen, aber erwarten Sie von außen nichts. Wenn jemand Sie von sich aus lobt, sagen Sie bescheiden „Danke", aber sonnen Sie sich nicht in der Anerkennung. Seien Sie auch bescheiden in Ihrem Konsum, denn Prunk führt nur zu neidischen Blicken, nicht aber zum Glück – zumal viele Menschen nicht einmal genug zu essen haben, während bei uns viele Dinge (auch Essen) im Müll landen. Weniger ist mehr und kleine Dinge können ganz groß sein, wenn man keine falschen Maßstäbe setzt. So lernen Sie auch, sich auf Zeiten vorzubereiten, in denen Sie nicht so viel Wohlstand haben, und können dann gelassen damit umgehen.

Besonnenheit: Besonnenheit bedeutet, erst zu denken und dann zu handeln. Leider tun wir das oft nicht, sondern lassen uns von unseren Gefühlen leiten. So ist es beim Kauf unnötiger Produkte, privaten und beruflichen Entscheidungen und in der Kommunikation mit anderen Menschen. Ein besonnener Mensch überlegt sich reiflich, ob das, was er gerade vorhat, wirklich gut ist und welche Folgen das für ihn und den Rest der Welt hat. Er denkt auch darüber nach, ob sein Vorhaben wirklich nötig ist. Er schafft es, seinen Verstand nicht durch seine Gefühle beeinflussen zu lassen. So kauft er sich zum Beispiel nicht andauernd neue Sachen, obwohl er schon genug hat, trinkt nicht noch ein Glas Bier, bleibt vor einem Arbeitstag nicht bis drei Uhr morgens auf, fährt nicht für eine Kleinigkeit mit dem Auto zum Supermarkt. Er wechselt auch nicht vorschnell den Job oder trennt sich aus spontaner Wut, aber er bleibt auch nicht, wenn es vernünftige Gründe dagegen gibt. Außerdem ist er in der Lage, in einem Streit nicht hitzig zu reagieren, sondern zu überlegen, ob der andere vielleicht doch recht hat.

Selbstregulation: Auch hier geht es darum, die Gefühle zu kontrollieren. Ein Mensch, dessen Stärke Selbstregulation ist, ärgert sich nicht über Kleinigkeiten, verzweifelt nicht und verfängt sich nicht in negativen Stimmungen. Wenn er im Stau steht oder das Essen anbrennt, nimmt er das gelassen, und wenn eine größere Krise eintritt, gerät dadurch nicht sein Leben aus den Fugen, sondern er schaut nach vorn und sucht nach einer Lösung. Außerdem lässt er sich nicht durch unangemessene Angst von etwas abhalten und nicht durch Trauer, Wut oder Stress zu unvernünftigen Handlungen verleiten (zum Beispiel zu viel zu trinken, zu rauchen oder zu essen).

Tugend 6: Transzendenz

Der Begriff bedeutet so viel wie „das über die Wahrnehmung Hinausgehende“. Einen höheren Sinn zu erkennen und seinen Horizont zu erweitern, sind hier die Ziele.

Sinn für das Schöne: Diese Stärke befähigt Sie, mit Ihren Sinnen die Schönheit der Welt wahrzunehmen und sich an ihr zu erfreuen, sie aber vor allem auch zu respektieren und das Besondere daran zu erkennen. Schönheit ist nicht im Sinn von Schönheitsidealen zu verstehen, sondern es geht darum, die kleinen Details und das große Ganze wahrzunehmen. Sicher finden Sie an sich selbst etwas Schönes (hoffentlich insbesondere Ihre innere Einstellung), Ihre Wohnung hat auch etwas Schönes, Ihre Mitmenschen bestimmt auch, und es gibt Musik und Kunst, deren Schönheit Sie erkennen können. Schön sind aber vor allem auch gute Taten und die Natur bietet sehr viele Chancen für schöne Sinneserfahrungen. Um mehr davon zu erkennen, helfen Ihnen die Achtsamkeitsübungen im fünften Kapitel.

Dankbarkeit: Meist sehen wir nur das Negative, meckern an allem herum und jammern über Kleinigkeiten. Wir wollen immer mehr und sind nie mit dem zufrieden, was wir haben. Mit Ausnahme der

Menschen, die Dankbarkeit als Stärke haben. Sie erkennen, dass nichts selbstverständlich ist. Jeder noch so gewohnte Bestandteil unseres Alltags ist Komfort, wenn nicht sogar Luxus, denn es gibt Menschen, die nichts von alldem haben. Dankbar zu sein heißt, alles wertzuschätzen, was man hat (und hatte), damit zufrieden zu sein und nicht nach mehr zu streben. Überlegen Sie sich doch gleich einmal, wofür Sie dankbar sein können. Auf das Thema komme ich später auch noch zurück.

Hoffnung: Wer hofft, blickt positiv in die Zukunft und findet daraus die Kraft, um weiterzumachen, auch wenn die Situation gerade schwierig ist. Dass nicht alles gut ist und möglicherweise auch nicht gut wird, ist einem hoffnungsvollen Menschen bewusst, jedoch weiß er, dass das Gute genauso möglich ist, denn die Zukunft ist nicht festgeschrieben. Um Hoffnung zu lernen, sollten Sie sich überlegen, wie sich Ihre problematischen Situationen zum Guten wenden können und wie Sie darauf Einfluss nehmen können.

Humor: Wenn alles düster ist, hilft immer noch ein Lachen und die Welt sieht nicht mehr ganz so schlimm aus. Humor ist ein gutes Mittel, um Probleme nicht so schwer auf sich wirken zu lassen. Je ernster man sie nimmt, desto schlimmer kommen sie einem vor und desto weniger Kraft und Zuversicht hat man, um sie zu lösen. Statt zu grübeln, sollten Sie lieber lachen, so werden Sie locker und Ihr Kopf wird klarer. Vielleicht schaffen Sie es sogar, über sich selbst in der Situation zu lachen, ansonsten helfen Witze, Comedy-Shows und dergleichen, um die schwarzen Wolken über Ihrem Kopf zu vertreiben.

Religiosität/ Spiritualität: Diese Stärke heißt nicht, dass Sie unbedingt einer Religion oder Glaubensrichtung angehören müssen. Es reicht auch, wenn Sie sich nur über Religionen informieren, aber es muss nicht einmal eine Religion sein. Spiritualität umfasst alles von Religion über Mythen, Legenden, Brauchtümer etc. bis hin zu Philosophie, alten

Kulturen und Magie. Wagen Sie einen Blick ins Unsichtbare und schauen Sie über den Rand des normalen menschlichen Verstandes hinaus.

FLOURISHING - AUFBLÜHEN WIE EINE BLUME

Mit der positiven Psychologie hat sich eine ganze Berufsbranche entwickelt, die es sich zum Ziel gemacht hat, Menschen glücklich zu machen - die Glücksforschung. Insbesondere Psychologen und Neurologen sind eifrig bemüht, dem Geheimnis des Glücks auf die Spur zu kommen. Eine entscheidende Rolle soll dabei das sogenannte Flourishing spielen.

Das Wort wurde zuerst von Corey Keyes im Jahr 2002 verwendet, 2010 von Seligman übernommen und bedeutet „Aufblühen". Wenn ein Mensch glücklich ist, soll er also prall gefüllt mit Lebenskraft sein und zu voller Pracht erstrahlen, wie eine schöne Blütenknospe, die sich im Sonnenschein öffnet. Im Unterschied zur Blume, die leider nur kurz blüht und dann verwelkt, soll ein Mensch aber fähig sein, im aufgeblühten Zustand zu bleiben. Seligman erklärte sich zum Ziel, durch die positive Psychologie das Glück der Menschheit so weit zu steigern, dass im Jahr 2050 insgesamt 50 % der weltweiten Bevölkerung „aufgeblüht" sind - aktuell sind es je nach Land acht bis 40 %.

Da verschiedene Wissenschaftler am Flourishing forschen, haben sich unterschiedliche Ansätze gebildet, was dieses genau bedeutet und wie man es erreichen kann. Gemeinsam ist die Ansicht, dass Flourishing heißt, das Wohlbefinden zu erhöhen. Wohlbefinden kann allerdings unterschiedlich definiert werden, zum Beispiel emotionales Wohlbefinden, Sicherheit, Gesundheit, Zufriedenheit mit sich selbst oder die persönlichen Ziele zu erreichen. Es besteht trotz unterschiedlicher Definitionen jedoch Einigkeit darüber, dass Flourishing mehr als nur Wohlfühlen umfasst. Gemäß Bernhard Schmitz besteht es aus Wohlbefinden, dem Einsatz der individuellen Stärken und dem persönlichen Wachstum. Zudem spielt die Definition von Gesundheit, die durch die Weltgesundheitsorganisation im Jahr 1946 aufgestellt wurde, eine Rolle:

„Gesundheit ist ein Zustand vollständigen körperlichen, psychischen und sozialen Wohlbefindens und mehr als nur die Abwesenheit von Krankheit."

„Mehr als nur ..." ist allerdings ziemlich uneindeutig und so befasste sich die Psychologie eingehend mit der Frage, was damit gemeint sein könnte. Schlussendlich definiert sie genau das als Flourishing – man ist nicht nur gesund, sondern man blüht zu voller Vitalität auf. Keyes ist der Meinung, dass es für das Flourishing nicht einmal psychischer Gesundheit bedarf, denn das Aufblühen sei ein Entwicklungsprozess, den jeder unabhängig von seiner Verfassung durchlaufen kann oder auch nicht. Er stellt Flourishing und Languishing, also Aufblühen und Verwelken, einander gegenüber. Als Languishing bezeichnet er es, wenn ein Mensch in seiner Entwicklung stagniert und seine Potenziale nicht nutzt. Das passiert bei psychisch gesunden Menschen ebenso wie bei psychisch kranken. Im Umkehrschluss heißt das, dass auch psychisch kranke Menschen aufblühen können.

Im Jahr 2017 stellte Tyler VanderWeele eine umfassende Definition auf, was Flourishing beinhaltet:

1. Lebenszufriedenheit und Glück;

2. körperliche und geistige Gesundheit;

3. Sinn und Wertachtung des Lebens;

4. Charakter und Tugenden, die befähigen, vorübergehend auf Belohnungen zu verzichten und auch in Krisen optimistisch zu bleiben;

5. enge soziale Beziehungen, mit denen man zufrieden ist;

6. Stabilität der Finanzen und des Besitzes.

Es kommt dabei jedoch nicht darauf an, von allem möglichst viel zu haben, und auch nicht auf einen allgemeinen Standard.
Das persönliche Flourishing ist erreicht, wenn man selbst mit seiner Situation zufrieden ist. Damit diese Zufriedenheit eintritt, ist es wiederum wichtig, andere Aspekte der positiven Psychologie und Philosophie zu beachten – dankbar zu sein, die kleinen Dinge zu schätzen wissen, sich selbst treu zu sein, sich nicht mit anderen zu vergleichen, nicht nach unnötigen oder unerreichbaren Dingen zu streben. Mit dem letzten Punkt sind also nicht Reichtum und Prunk gemeint, sondern nur, dass man in einem dauerhaft sicheren Zustand lebt – das kann man aber auch mit sehr wenig, und dieses Wenige ist dann bestimmt sicherer als Reichtum und Besitz, für den man ständig hart arbeiten muss, von der Wirtschaftslage stark abhängig ist oder für den man jeden Monat Kreditraten bezahlen muss. Mit dem zweiten Punkt (geistige und körperliche Gesundheit) ist ebenfalls nicht gemeint, dass man topfit sein muss und keine Probleme haben darf, sondern lediglich, dass man den Ist-Zustand akzeptiert und das Beste daraus macht.

DIE DREI STUFEN DES GLÜCKS

Wie man das vollkommene Glück (oder auch das Flourishing) erreicht, stellte Seligman auch fest. Laut ihm verläuft die Entwicklung über drei Etappen:

- Im *angenehmen Leben* lernen Sie zu schätzen, was Sie haben. Sie erfreuen sich an dem äußeren Komfort, wie zum Beispiel Essen, Gesundheit, ein Dach über dem Kopf, eine Familie, Freunde, Arbeit, Freizeit, Bildung und dergleichen. Alles, was Sie haben, erkennen Sie als etwas Gutes und entwickeln Dankbarkeit dafür. Sie wissen, dass es nicht selbstverständlich ist, und so sind Sie glücklich, dass Sie es haben. Aus diesem Zustand der Zufriedenheit heraus hören Sie auf, Dinge zu begehren, die Sie nicht haben, und finden somit zu innerer Ruhe.

- Im *guten Leben* bewahren Sie sich die Dankbarkeit und die Freude an einfachen Dingen, jedoch finden Sie nun zusätzlich heraus, welche Ihre Charakterstärken sind.

Aus dieser Erkenntnis gewinnen Sie Selbstvertrauen, Zuversicht und positive Energie. Das Erkennen reicht aber nicht, sondern Sie setzen Ihre Stärken in Ihrem Alltag so viel wie möglich ein. Auf diese Art verwirklichen Sie sich selbst und entsprechen Ihrem Inneren, sodass Sie Ihren Körper, Ihren Geist und Ihre Seele in Einklang bringen und daraus Gelassenheit und Stärke gewinnen.

- Im *bedeutsamen Leben* geht es schließlich zusätzlich darum, dass Sie mit Ihrem Dasein und Handeln einen Sinn erfüllen, der über Ihr eigenes Leben hinausgeht. Das heißt, Sie setzen Ihre Stärken nicht nur für sich selbst ein, sondern auch für andere. Indem Sie anderen durch Ihren Charakter helfen, gelangen Sie zu wahrer Erfüllung und dem höchsten Gefühl von Glück. Einige Stärken wie zum Beispiel Freundlichkeit, soziale Kompetenz und Fairness bestehen an sich schon darin, für andere etwas Gutes zu tun, sodass Menschen, die diese Stärken besitzen, anderen auf dem Weg zum höchsten Glück ein ganzes Stück voraus sind. Vielleicht ein Grund, diese Stärken zu trainieren, auch wenn sie bisher bei Ihnen nicht ausgeprägt vorhanden sind?

DIE FÜNF SÄULEN DES GLÜCKS

Mit dem PERMA-Modell stellte Seligman ein weiteres Konzept auf, das für das Glück wichtig sein soll. Neben den Charakterstärken stützt sich das Glück ihm zufolge auf fünf Säulen, die ihren englischen Namen entsprechend mit der Abkürzung PERMA bezeichnet werden.

P = Positive emotions (positive Gefühle)

Um glücklich zu sein, reicht es laut Seligman und anderen Glücksforschern nicht, wenn man einfach keine negativen Gefühle hat, sondern es bedarf möglichst vieler positiver Gefühle. Deshalb soll man jeden Tag so viele Gelegenheiten wie möglich nutzen, um solche Gefühle zu erzeugen. Das heißt nicht, dass Ihr Leben ein rauschendes Fest sein soll, sondern dass Sie lernen, die kleinen, wunderbaren Dinge zu erkennen, die Ihnen das Leben einfach so bietet. Besonders wichtig sollen laut der Glücksforscherin Barbara Fredrickson die folgenden zehn positiven Gefühle sein:

> *Freude* über etwas Schönes oder Angenehmes;

> *Dankbarkeit* für materielle und immaterielle „Geschenke" (es können aber auch Dinge sein, die einfach so da sind, zum Beispiel ein Sonnenuntergang);

> *Heiterkeit*, d. h. eine lockere, gelassene Stimmung;

> *Interesse* an anderen Menschen, Dingen, Situationen und Tätigkeiten;

> *Hoffnung* auf eine positive Zukunft;

> *Stolz* im Sinne von Zufriedenheit über die eigene Leistung oder persönlichen Eigenschaften;

> *Inspiration*, d. h. Kreativität und Ideenreichtum aus Ihrem Inneren oder durch Beobachtung anderer;

> *Spaß* im Sinne von Humor oder Vergnügen an einer Tätigkeit;

> *Ehrfurcht* im Sinne von andächtigem Staunen über etwas Schönes oder Bemerkenswertes;

> *Liebe* als intensives Gefühl von Zuneigung gegenüber anderen Menschen, aber auch Tieren, Landschaften, dem Leben und der Welt an sich.

E = Engagement

Diese Säule besagt, dass es für das Glück wichtig ist, eine Tätigkeit auszuüben, in der man vollkommen aufgeht. Man vergisst alles um sich herum und möchte diese Sache richtig gut machen, aber nicht um des Erfolges oder der Anerkennung willen, sondern einfach, weil man diese Tätigkeit liebt. Diese Art von Tun wird auch „Flow" genannt, man fließt also in die Handlung ein und verbindet sich mit ihr. Darüber vergisst man sowohl die Vergangenheit als auch die Zukunft und man konzentriert sich vollkommen auf das, was man gerade tut, sodass negative Gedanken automatisch verschwinden. Damit dieser Zustand eintreten kann, darf die Tätigkeit Sie weder über- noch unterfordern und Sie müssen ehrliche Begeisterung aus sich selbst heraus empfinden, jede äußere Motivation muss Ihnen egal sein. Wichtig ist dafür, dass Sie dabei Ihre Fähigkeiten einsetzen können (nicht nur Ihre Charakterstärken, sondern auch Ihre Talente, Soft Skills und erlernten Kompetenzen, sofern diese Sie erfüllen). Zudem sollten Sie zwischendurch immer Teilerfolge sehen können, um Ihre Ausdauer zu erhalten.

R = Relationships (Beziehungen)

Forscher fanden heraus, dass Menschen nur dann wirklich glücklich sein können, wenn sie mindestens einen anderen Menschen in ihrem engen, vertrauten Umfeld haben. Das schockiert Sie jetzt vielleicht, wenn Sie ganz allein sind, doch es ist ja nur eine von fünf Säulen und zudem nur eine Meinung. Sie basiert auf dem Gedanken, dass Menschen soziale Wesen sind und instinktiv die Gemeinschaft suchen, um überleben zu können (ohne Beziehungen gäbe es keine Nachfahren und auch in schwierigen Zeiten ergibt es Sinn, wenn man zusammenhält).

Es gibt tatsächlich Studien, die besagen, dass Menschen in Einsamkeit nahezu zwingend Depressionen bekommen. Allerdings gibt es auch allein lebende Menschen, die glücklich sind. Allein und einsam ist nicht das Gleiche. Sicher ist es schön, wenn man einen oder mehrere

Menschen hat, mit denen man sein Leben teilen kann, bei denen man sich geborgen fühlt und die einem zur Seite stehen, wenn es mal schwierig ist. Wenn Sie solche Menschen haben, dann zeigen Sie Ihnen durch Aufmerksamkeit, Zeit, liebe Worte und auch öfter mal eine Umarmung, wie wertvoll diese für Sie sind.

Wenn nicht, seien Sie offen für neue Kontakte, aber seien Sie trotzdem wählerisch. Nicht jede Beziehung ist positiv, viele sind nichtig und oberflächlich und manche stürzen einen in mehr Unglück, als man allein je erlebt hätte. Und jagen Sie nicht potenziellen Beziehungen bzw. Freundschaften hinterher, sondern nehmen Sie das Leben, wie es kommt. Es schadet nichts, wenn Sie Ihre Kontakte erweitern, indem Sie zum Beispiel einem Verein beitreten oder einen Tanzkurs besuchen, aber Sie sollen nicht denken, dass Sie auf andere Menschen angewiesen sind, um glücklich zu werden. Vielmehr kann eine positive Beziehung auch zu Ihrem eigenen Inneren bestehen. Nehmen Sie Kontakt mit Ihrer Seele auf und leben Sie mit ihr in Harmonie, das ist die beste Beziehung, die man sich vorstellen kann. Wenn Ihnen das nicht reicht (aber natürlich auch sonst gern), schaffen Sie sich ein Haustier an oder, wenn das nicht geht, eine Zimmerpflanze. Auch das sind gute Seelen, die geliebt werden wollen, und sie sind Ihnen immer treu und hören Ihnen zu.

M = Meaning (Sinn)

Diese Säule stützt und ist gleichzeitig die höchste Stufe des Glücks – seien Sie sinnvoll für andere und Sie werden glücklich. Setzen Sie Ihre Stärken so ein, dass diese der Welt nützen, im Kleinen wie im Großen. Laut Glücksforschern soll es dabei wichtig für das persönliche Glückserleben sein, dass Sie Ihren Beitrag messen bzw. wahrnehmen können. Das können Sie zum Beispiel, wenn Sie sich darüber informieren, wie weit ein Hilfsprojekt fortgeschritten ist, für das Sie gespendet haben, oder Sie engagieren sich gleich aktiv. Helfen Sie auch direkt in Ihrem Umfeld, Ihren

Kindern, Ihren Nachbarn, Ihren Verwandten, Ihren Freunden und auch Fremden auf der Straße.

Vergessen Sie auch nicht, sinnvoll für die Tier- und Pflanzenwelt und für das Klima zu sein. Füttern Sie die Vögel in Ihrem Garten, pflanzen Sie so viele Bäume, Sträucher und Blumen wie möglich, bauen Sie ein Insektenhotel, wechseln Sie auf Strom aus erneuerbaren Energien, werden Sie Vegetarier/in, fahren Sie ein Auto mit umweltfreundlichem Antrieb, gießen Sie Ihre Zimmerpflanzen, helfen Sie verletzten Tieren. Es gibt viele kleine Gelegenheiten im Alltag, um ein sinnvolles Leben zu führen, wenn man nachdenkt und mit dem Herzen fühlt.

A = Achievements (Zielerreichung)

Bei dieser Säule geht es darum, dass Sie erkennen, dass Sie selbst etwas bewirken können. Dies ist sehr wichtig für Ihr Selbstbewusstsein und Ihre Fähigkeit, mit Krisensituationen gelassen umzugehen. Zielerreichung bedeutet nicht, Geld oder Karriere zu erreichen, sondern individuelle, den eigenen Wünschen und dem persönlichen Charakter entsprechende Ziele zu verwirklichen. Da ist zum einen ein Lebensziel, also das Große, auf das man sein Leben lang hinarbeitet, wie zum Beispiel eigene Kinder, der Traumberuf oder ein Werk, das auch nach dem eigenen Tod erhalten bleibt (zum Beispiel eine Erfindung oder eine eigene Firma). Neben diesen vielleicht in weit entfernter Zukunft liegenden

Zielen sollten Sie aber diverse kleine Ziele haben (auch wenn Sie Ihr Lebensziel schon erreicht haben sollten), denn so fordern Sie sich immer wieder heraus und bauen Ihre Motivation, Ihre Disziplin und Ihren Optimismus auf. Jeder kleine Erfolg ist etwas, woran Sie sich festhalten können, wenn mal etwas schiefläuft.

Sie können sich dann immer sagen: Das habe ich alles schon erreicht! Stellen Sie sich daher regelmäßig Aufgaben, die Sie in absehbarer Zeit erfolgreich meistern können, zum Beispiel eine Weiterbildung, die längst fällige Renovierung, sich gesünder zu ernähren oder mehr Sport zu machen. Denken Sie an Ihre „guten Vorsätze", die Sie sich jedes Jahr zum Jahreswechsel vornehmen und wahrscheinlich kaum jemals umgesetzt haben, und nutzen Sie diese nun für Ihr Glück.

5. Jeder kann glücklich sein – Übungen & Tipps für den Weg zum inneren Glück

LEBEN IM HIER UND JETZT DURCH ACHTSAMKEIT

Wie ich Ihnen im zweiten Kapitel erklärte, wird unser Glück ganz entscheidend dadurch behindert, dass wir immerzu negative Gedanken über Vergangenes und Zukünftiges im Kopf haben und so im Stress sind, dass wir mit Scheuklappen durch das Leben rennen. Um zu leben und Glück zu empfinden, müsste man viel mehr im Hier und Jetzt leben. Das geht – und zwar mithilfe von Achtsamkeit.

Dies ist eine Form der Entspannungs- und Konzentrationsübung, wie sie vor allem im Buddhismus angewendet wird. Doch Sie müssen dafür keine speziellen Übungen ausführen und auch nicht meditieren, sondern „nur" mit Ihrer ganzen Aufmerksamkeit bei dem sein, was Sie gerade wahrnehmen oder tun. Die Gedanken, die Ihnen währenddessen vielleicht trotzdem in den Kopf kommen, sollen Sie nicht unterdrücken, denn dann würden Sie mit ihnen einen Kampf eingehen und Ihre Entspannung wäre dahin. Lassen Sie die Gedanken einfach da sein und akzeptieren Sie sie, aber befassen Sie sich nicht mit ihnen. Gehen Sie mit ihnen um wie mit einem nervigen Menschen, der immer hinter Ihnen herläuft und Sie anpöbelt – ignorieren Sie sie. Auf die Art vermeiden Sie, sich mit ihnen zu verstricken. Lassen Sie sie einfach vorbeiziehen und achten Sie nicht auf sie, sondern auf das, was Sie gerade wahrnehmen oder tun.

Für Achtsamkeit brauchen Sie nur Ihre Sinne – Sehen, Hören, Riechen, Schmecken, Fühlen bzw. Tasten und den sogenannten sechsten Sinn, das innere Fühlen. Am besten üben Sie, indem Sie sich zuerst immer auf ein bis zwei Wahrnehmungen konzentrieren, also zum Beispiel entweder das, was Sie hören, oder das, was Sie sehen und fühlen. So lernen Sie erst einmal, sich überhaupt auf Ihre Wahrnehmung zu fokussieren. Sie können gleich jetzt anfangen, denn es gibt immer etwas zum Wahrnehmen. Schauen Sie sich um. Was sehen Sie? Konzentrieren Sie sich jetzt auf einen einzigen Gegenstand. Das kann alles sein, sogar die Tastatur Ihres Computers oder Ihre Tapete. Aber vielleicht finden Sie auch etwas, das ein wenig schöner und interessanter ist.

Vielleicht haben Sie einen Tisch oder ein Regal aus Holz, das nur klar lackiert oder geölt ist und Sie mit seiner Maserung in seinen Bann ziehen kann. Verfolgen Sie mit Ihren Augen die Linien und schauen Sie in seine „Augen". Sehen und achten Sie dieses Holz und die Baumgeister, die darin wohnen. Es ist nicht nur ein Möbel, es ist Leben. Die Energie des Baumes lebt weiter in seinem Holz und die Augen erzählen Ihnen von der schönen Natur. Aber nicht nur das, sie hören Ihnen auch zu.

Wenn Sie allein sind und Sorgen haben oder wenn Sie sich keinem Menschen anvertrauen möchten, erzählen Sie Ihren Baumgeistern (laut oder leise), was Sie bewegt. Fühlen Sie auch das Holz mit Ihren Fingern und Handflächen. Halten Sie dabei am besten die Augen geschlossen, so ist die Wahrnehmung intensiver. Fühlen Sie die Oberflächenstruktur und die Kraft, die darin steckt. Diese Kraft können Sie in sich aufnehmen, wenn Sie sich vollkommen auf Ihre Wahrnehmung einlassen. Betrachten Sie auch zum Beispiel die Blätter Ihrer Zimmerpflanzen ganz genau, die Aderung, das Grün, die Form und Struktur der Blätter. Vielleicht kommt sogar gerade ein neues Blatt und Sie sehen schon den Ansatz? Fühlen Sie auch vorsichtig über die Blätter, streicheln Sie Ihre Pflanze behutsam und nehmen Sie dabei nicht nur ihr Äußeres, sondern ihr Leben wahr.

Das können Sie auch draußen im Garten oder im Wald mit einer Blume oder einem Baum machen. Schauen Sie sich bei Bäumen auch die Rinde ganz genau an und spüren Sie die Beschaffenheit mit Ihren Händen. Betrachten Sie Tiere, die Ihnen über den Weg huschen, die größeren sowie die ganz kleinen. Haben Sie jemals eine Biene, einen Schmetterling oder einen Käfer ganz genau angeschaut, die Flügel, die Fühler, die Beinchen, die Härchen auf dem Körper, die Augen, die Farben ...? Jetzt ist der richtige Moment, damit anzufangen. Scheuchen Sie die kleinen Besucher nicht weg, sondern lassen Sie sie in Ruhe verweilen, auch auf Ihrem Arm oder Ihrer Hand. Nutzen Sie diese Gelegenheit für eine weitere Sinneserfahrung: Spüren Sie die Berührung der kleinen Füßchen auf Ihrer Haut.

Wenn Sie in der Natur sind, oder auch so, schließen Sie aber auch einmal die Augen und konzentrieren Sie sich ganz auf Ihr Gehör. Was sind da alles für Geräusche? Woher kommen die? Versuchen Sie insbesondere, auch die leisen Töne zu hören. Konzentrieren Sie sich dann ganz auf ein Geräusch, zum Beispiel das Rauschen des Windes in den Blättern oder das Zwitschern eines Vogels. Gehen Sie barfuß, zu Hause, im Garten und unterwegs und spüren Sie die verschiedenen Untergründe unter Ihren Füßen. Sand, Erde, Steine, Asphalt, Holz, Rasen – wie fühlt sich das an?

Nehmen Sie mit geschlossenen Augen einen Stein in die Hand und befühlen Sie ihn ganz genau. Riechen Sie an Blumen, Holz und Blättern. Schauen Sie einfach in die Ferne – was ist der entfernteste Punkt, den Sie erkennen können? Verfolgen Sie die Konturen von dem, was Sie sehen (egal was) mit Ihren Augen. Versetzen Sie sich in den Gesang oder ein Musikinstrument hinein, wenn Sie Musik hören. Spüren Sie Ihre Muskelarbeit, während Sie sich bewegen, zum Beispiel beim Sport oder auch im Haushalt. Konzentrieren Sie sich beim Essen und Trinken nur auf den Geschmack und Geruch der Nahrung. Seien Sie auch beim Kochen achtsam sowie auch bei allem anderen, was Sie tun.

Achtsamkeit heißt, eine Sache zurzeit zu machen, diese dafür aber intensiv und gut. Multitasking gilt zwar als positive Eigenschaft, aber bedeutet nur, dass man sich auf nichts richtig konzentriert, dadurch Fehler macht und am Ende mehr Zeit braucht, als wenn man jeden Vorgang einzeln abgeschlossen hätte. Achtsamkeit ist also auch bei der Arbeit sehr wichtig. Das führt zu weniger Stress und besserer Leistung. Kleine Seh-, Hör-, Riech-, Schmeck- und Tastübungen zwischendurch sorgen für Entspannung – gönnen Sie sich immer mal wieder eine Fünf-Minuten-Pause.

Auch sonst ist Achtsamkeit im Alltag sehr wichtig. Sie heißt nämlich auch, aufmerksam gegenüber anderen Menschen und der Umwelt zu sein. Achten Sie auf Ihr Verhalten – was ist wirklich nötig und sinnvoll, was hilft und was schadet? Seien Sie achtsam im Umgang mit Ihren Mitmenschen, Haustieren und Pflanzen, kümmern Sie sich um deren Bedürfnisse, helfen Sie ihnen, fühlen Sie sich in sie ein. Nehmen Sie sich Zeit und seien Sie zu jedem so gut, wie Sie selbst auch behandelt werden möchten. Achten Sie auf Ihre Worte, Ihren Ton, Ihre Blicke und Ihre Taten.

Seien Sie respektvoll und freundlich. Auch das ist Achtsamkeit. Wenn Sie hinausgehen, achten Sie darauf, wohin Sie treten. Gehen oder laufen Sie nicht gedankenverloren über den Boden, auf dem vielleicht gerade eine Schnecke, ein Frosch oder ein Käfer den Weg überqueren, sonst zertreten Sie vielleicht das kleine große Glück. Achten Sie darauf, was sich vor Ihren Füßen befindet. Besonders beim Autofahren ist Achtsamkeit auch sehr wichtig. Seien Sie mit Ihrer gesamten Aufmerksamkeit dabei, grübeln Sie nicht, schauen Sie nicht auf Ihr Handy, essen Sie nicht nebenbei und tun Sie auch sonst nichts Ablenkendes.

In jeder Sekunde könnte zum Beispiel ein Eichhörnchen, eine Katze oder ein spielendes Kind auf die Straße laufen. Jemanden zu überfahren, bringt sicher kein Glück. Nutzen Sie auch die Ressourcen achtsam und achten Sie darauf, dass Sie nichts kaufen, was anderen Menschen, Tieren oder der Umwelt Leid zugefügt hat, trennen Sie Ihren Müll und werfen Sie nichts achtlos in die Gegend (auch keine Zigarettenstummel).

Achten Sie auch auf Ihren Körper, Ihre Gedanken und Ihre Gefühle. Nehmen Sie sich selbst bewusst wahr. So können Sie frühzeitig erkennen, wenn in Ihnen etwas aufkommt, was Ihre Entspannung und gute Laune zunichtemachen möchte, und sich bewusst auf etwas anderes konzentrieren, aber auch bemerken, wenn Ihnen oder Ihrer Seele etwas nicht behagt. Wenn Sie sich zum Beispiel in der Gegenwart eines bestimmten Menschen unwohl fühlen, kann das ein Zeichen sein, dass Sie zu ihm Abstand halten sollten. Durch körperliche Übungen steigern Sie die Verbindung zu sich selbst. Konzentrieren Sie sich auf Ihre Atmung, die normalerweise wahrscheinlich eher flach und kurz ist, da Sie im Stress sind. Atmen Sie nun bewusst tief und langsam ein und aus und fühlen Sie, wie die Luft in Sie hinein und wieder aus Ihnen heraus strömt. Sehen und fühlen Sie, wie sich Ihr Brustkorb und Ihr Bauch heben und senken.

Probieren Sie verschiedenes Atmen, zum Beispiel durch die Nase ein- und durch den Mund ausatmen, und halten Sie auch mal für ein paar Sekunden die Luft an. Achten Sie darauf, dabei immer entspannt zu bleiben. Eine weitere gute Möglichkeit zur Achtsamkeit gegenüber dem eigenen Körper und zur Entspannung ist die progressive Muskelentspannung nach Jacobsen. Diese besteht darin, am besten im Liegen nach und nach alle Muskelpartien des Körpers erst anzuspannen, die Spannung kurz zu halten und dann zu entspannen.

Beginnen Sie mit Ihren Händen, gehen Sie dann weiter über die Unter- und Oberarme, die Schulterpartie, den Rücken, den Bauch, die Beine bis in die Füße. Machen Sie die Übung ganz in Ruhe und spüren Sie, wie sich Ihre Muskeln in angespanntem und entspanntem Zustand anfühlen. So lernen Sie auch, Ihre Körpersignale besser wahrzunehmen, um

Anspannung bzw. Stress frühzeitig zu erkennen und mit Entspannungsübungen gegensteuern zu können.

DANKBARKEIT, SCHÖNE ERINNERUNGEN & FREUDE AN KLEINIGKEITEN

Ein weiteres großes Hindernis für das Glück ist, dass wir immer mehr wollen und nicht wertschätzen (oder überhaupt bemerken), was wir eigentlich alles haben und wie glücklich wir uns deswegen schätzen können. Um das „Höher, schneller, weiter"-Denken loszuwerden, ist es eine wirksame Methode, sich bewusst zu machen, wofür man alles dankbar sein kann. Sicher kommen Ihnen zunächst die großen Ereignisse in den Sinn, wie zum Beispiel ein schöner Urlaub, Ihre Hochzeit, die Geburt Ihres Kindes oder Ihr erster Kuss. Das sind alles wunderbare Erinnerungen und die sollen Sie sich auch bewahren. Denken Sie öfter daran und finden Sie weitere schöne Momente, in denen Sie schwelgen können. Vielleicht haben Sie sogar noch Fotos davon?

Holen Sie die alten Alben heraus und tauchen Sie ein in Ihre schönen Erinnerungen – ganz besonders dann, wenn Sie sich nicht gut fühlen, aber auch so. Es zählen jedoch nicht nur die großen Ereignisse, sondern auch die vielen ganz kleinen, von denen Sie möglicherweise keine Fotos haben, weil Sie diese nicht für bedeutend genug hielten. Wahrscheinlich haben Sie sie sogar vergessen, da Sie andere Dinge (viel Negatives) für wichtiger erachtet haben. Aber vielleicht finden Sie noch den einen oder anderen schönen Erinnerungsfetzen aus den letzten Jahren oder sogar aus Ihrer Kindheit? Wenn nicht, seien Sie nicht traurig, sondern lernen Sie daraus und machen Sie es ab sofort besser.

Gehen Sie bewusst (achtsam) durch Ihr Leben und schenken Sie den kleinen Dingen besonders viel Aufmerksamkeit. Halten Sie jeden schönen Augenblick, auch wenn es „nur" ein Sonnenstrahl, eine aufblühende

Blume oder eine interessante Wolkenformation ist, in Ihrem Gedächtnis und auch so oft wie möglich auf Fotos fest. Wenn Sie etwas unternehmen oder sich mit Freunden treffen, machen Sie auch davon Fotos. So haben Sie alles Schöne immer parat, wenn Sie etwas zum Aufmuntern brauchen. Sie können Ihre Erlebnisse auch festhalten, indem Sie jeden Abend (oder so oft Sie möchten) ein „Tagebuch der kleinen schönen Momente" führen. Natürlich dürfen Sie größere schöne Momente auch fotografieren und aufschreiben. Nehmen Sie das Besondere in Kleinigkeiten wahr und lernen Sie, sich daran zu erfreuen.

Legen Sie außerdem hin und wieder einen „Dankbarkeitstag" ein, um sich daran zu erinnern, wie viel Gutes Sie erleben dürfen, das andere (zum Beispiel in der Dritten Welt oder als armer, vielleicht obdachloser Mensch in unserer Gesellschaft) nicht haben. Beginnen Sie gleich morgens nach dem Aufstehen. Schon dafür, dass Sie aufgewacht sind, können Sie dankbar sein, denn viele Menschen haben nicht das Glück, diesen Tag noch zu erleben. Wahrscheinlich geht es Ihnen sogar gut, auch wenn Ihnen etwas wehtut oder Sie noch müde sind. Konzentrieren Sie sich auf die Teile Ihres Körpers, die ganz in Ordnung sind – dafür können Sie dankbar sein.

Schauen Sie sich in Ihrem Schlafzimmer um. Da stehen eine Kommode und ein Kleiderschrank, beide gefüllt mit vielen schönen Anziehsachen. Sie haben in einem weichen, warmen Bett geschlafen und wenn es Winter ist, lief wahrscheinlich sogar die Heizung. Weiter geht es beim Frühstück und bei der Körperhygiene. Sie haben Brot oder Brötchen, Aufstrich (bestimmt gleich mehrere Sorten), Geschirr, Kaffee, eine Kaffeemaschine, fließendes Wasser, eine Zahnbürste und Zahncreme, eine Dusche, eine Toilette, Toilettenpapier, Seife, diverse Pflegeprodukte ... Gehen Sie als Nächstes einmal durch Ihre Wohnung oder Ihr Haus und schauen sich überall um. Die Möbel, die Deko, die Wandgestaltung, der Fußbodenbelag, ein Fernseher, eine Musikanlage, ein Computer,

Spielzeug für die Kinder, vielleicht Hobbysachen für sich selbst, hoffentlich einige Zimmerpflanzen ... und überhaupt: Sie haben ein Dach über dem Kopf, vier Wände drum herum und das alles steht auch noch ziemlich sicher und nicht in einem Erdbeben- oder Kriegsgebiet.

Wie gut wir es haben, wissen wir erst, wenn wir wissen, wie schlecht es anderen geht (leider). Hier hilft also das Vergleichen, das wir normalerweise ja nur nach oben tun. Schauen Sie nicht, was andere mehr als Sie haben, sondern schauen Sie, was Sie mehr als andere haben, und Sie werden dankbar. So gehen Sie weiter durch den Tag. Achten Sie auf alles, was Sie haben und erleben, und seien Sie bewusst, dass dies ein Privileg ist. Machen Sie sich auch ruhig eine Liste aller Dinge, für die Sie dankbar sind. Beziehen Sie auch Ihre Freunde und Familie mit ein, Ihre Fähigkeiten, Ihre Arbeit, Ihr Einkommen (auch wenn es nur gering ist, andere haben weniger oder gar nichts) und einfach alles, was Ihr Leben angenehmer macht, als es vielen anderen vergönnt ist.

NEGATIVE GEDANKEN & GEFÜHLE LOSWERDEN

Soviel man auch an das Gute denkt, mitunter sind die negativen Gedanken so hartnäckig, dass sie immer wiederkommen und vielleicht nicht einmal zulassen, dass man das Gute überhaupt erkennt. Je länger Sie schon negative Gedanken haben, desto tiefer sitzen diese und desto mehr sind es wahrscheinlich, weil sie in all der Zeit sehr viel „trainiert" haben.

Negative Gedanken kann man nicht einfach aussperren – sie sind im eigenen Gehirn – und je mehr man versucht, sie wegzudrängen, desto stärker werden sie, weil sie dadurch Aufmerksamkeit bekommen. Bei negativen Gedanken hilft nichts anderes, als sich immer wieder abzulenken, so viel Positives wie möglich zu denken und durchzuhalten, bis die positiven Denkstrukturen so trainiert sind, dass sie schneller und stärker als die negativen sind. Das kann dauern und erfordert viel Disziplin und Aufmerksamkeit. Achten Sie auf Ihre Gedanken und wenn ein negativer Gedanke kommt, lassen Sie sich nicht versehentlich auf ihn ein. Schalten Sie gleich um und denken Sie absichtlich an etwas Positives, zum Beispiel eine schöne Erinnerung oder etwas, wofür Sie dankbar sein können.

Hilfreich ist es, wenn Sie sich einen „Rettungsanker" anschaffen, der Sie auf gute Gedanken bringt. Das ist ein Gegenstand oder auch eine Stelle Ihres Körpers, auf den bzw. die Sie schauen, wenn Ihnen ein negativer Gedanke kommt. Zuvor müssen Sie sich darauf trainieren, diese Sache mit einem positiven Gedanken zu verbinden. Tun Sie dies, indem Sie die Sache intensiv anschauen und dabei an etwas sehr Schönes oder auch Lustiges denken. Wiederholen Sie diesen Vorbereitungsprozess mehrfach und probieren Sie dann aus, ob der „Anker" funktioniert, indem Sie an etwas Negatives denken und dann darauf schauen. Verschwindet der negative Gedanke, wirkt der „Anker", ansonsten müssen Sie noch weiter üben. Auch ein Signalwort kann helfen. Sie können Ihren negativen Gedanken direkt durch „Stopp!" Einhalt gebieten, das allein reicht aber meist nicht, denn wenn Sie nicht gleich bewusst an etwas anderes denken, kommen die Gedanken wieder. Besser ist daher ein Wort, das Sie mit etwas Gutem verbinden, zum Beispiel der Name einer Person, die Sie lieben, die Bezeichnung Ihres Lieblingsessens oder der Name eines Ortes oder Landes, wo Sie einen sehr schönen Urlaub verbracht haben. Sie können dieses Wort laut sagen, wenn Sie allein oder unter vertrauten Personen sind, oder denken, wenn Sie in der Öffentlichkeit sind.

Um negative Glaubenssätze und Vorstellungen (auch Ängste) loszuwerden, helfen zudem sogenannte Affirmationen und Visualisierungen. Affirmationen sind kurze Sätze, die das Gegenteil Ihrer negativen Glaubenssätze aussagen; bei Visualisierungen handelt es sich um positive

Vorstellungen von Situationen, die Ihnen Angst, Sorgen oder Unbehagen verursachen. Affirmationen müssen präzise formuliert sein und dürfen keine Verneinung enthalten, sonst wirken sie nicht.

Ein schlechtes Beispiel wäre also „Alles wird gut" (weil zu unbestimmt) oder „Ich habe keine Angst" (weil verneint). Außerdem müssen die Sätze so formuliert sein, als ob sie jetzt wahr wären, also keine Wünsche, Bitten oder Ähnliches. Gute Beispiele wären „Ich fühle mich mit meinem Leben wohl", „Ich bestehe die Abschlussprüfung", „Ich bin selbst für mein Glück verantwortlich" oder „Mein/e Partner/in und ich führen eine harmonische Beziehung".

Um Ihre Affirmationen zu formulieren, müssen Sie aber erst einmal wissen, wie Ihre negativen Glaubenssätze lauten. Seien Sie, um das herauszufinden, achtsam in Bezug auf Ihre Gedanken, Gefühle und Verhaltensweisen. Wenn Sie sich schlecht fühlen oder sich anders verhalten, als Sie es gern würden, erfassen Sie bewusst, was Sie zuvor oder in dem Moment gedacht haben. Schreiben Sie Ihre Erkenntnisse auf und schlussfolgern Sie daraus, welche blockierenden Gedanken sich in Ihrem Kopf tummeln. Zum Beispiel sagt Ihnen vielleicht immer eine kleine Stimme „Ich bin nicht gut genug für andere" und deshalb fühlen Sie sich niedergeschlagen, trauen sich nicht an Herausforderungen heran und meiden vielleicht sogar soziale Kontakte. Vielleicht sind da auch andere Stimmen, das wissen nur Sie.

Wenn Sie Ihre negativen Glaubenssätze identifiziert haben, formulieren Sie zu jedem eine gegenteilige Affirmation und sagen sich diese morgens gleich nach dem Aufstehen, abends vor dem Schlafengehen und zwischendurch auch immer wieder, besonders auch dann, wenn der negative Glaubenssatz sich meldet. Sie können die Affirmationen still in sich denken oder laut sagen und Sie können sie sich zusätzlich auf kleine Zettel schreiben und diese zum Beispiel auf Ihren Nachttisch legen, an Ihren Spiegel oder Küchenschrank kleben. Wichtig ist, dass Sie die Sätze nicht nur sagen und lesen, sondern ihren Inhalt fühlen, annehmen und in sich aufnehmen. Nur dann kann das Ziel eintreten, dass sich daraus neue Glaubenssätze bilden, die Ihren alten, negativen Ballast verdrängen.

Mit den Visualisierungen läuft es ähnlich: Identifizieren Sie anhand Ihrer Gedanken, Gefühle und Verhaltensweisen die Situationen, in denen Sie sich unwohl fühlen oder vor denen Sie Angst haben. Stellen Sie sich dann vor, wie Sie die Situationen (pro Übung nur eine) erleben, aber wie alles ganz anders läuft, als Sie es befürchten. Wenn Sie zum Beispiel die Vorstellung haben, bei der Arbeit überfordert und gestresst zu sein, dann stellen Sie sich vor, wie Sie entspannt und erfolgreich alles meistern.

Wenn es um eine Situation geht, die an sich nicht eintreten soll, dann gibt es eine andere Möglichkeit der Visualisierung: Stellen Sie sich ein Bild von der Situation vor, wie Sie sie befürchten, und dann lassen Sie dieses Bild verschwinden, entweder, indem Sie es bis zur Unkenntlichkeit blass werden oder in kleinste Krümel zerfallen lassen. Sie können eine Visualisierung mehrfach pro Tag durchführen und sollten so lange an einer Situation arbeiten, bis diese Sie nicht mehr belastet. Indem Sie sich zukünftige Ereignisse positiv vorstellen, üben Sie auch gleichzeitig Ihren Optimismus und gewinnen so weitere positive Energie. Außerdem fallen Ihnen auf die Art sicher einige Lösungen für schwierige Situationen ein.

Apropos Lösungen: Negative Gedanken nur durch positive zu ersetzen, bringt in den Fällen etwas, wenn es sich einfach um falsche Überzeugungen handelt. Anders sieht es jedoch aus, wenn Probleme tatsächlich bestehen. Dann dürfen Sie aber auch nicht ins Grübeln verfallen, sondern müssen sich klar werden, ob Sie etwas an der Situation ändern können.

Wenn Sie selbst das Problem beseitigen können (auch wenn Sie nur einen Beitrag dazu leisten oder es mithilfe anderer schaffen können), dann überlegen Sie sich Lösungen und machen sich einen Plan, anstatt die Gedanken sinnlos hin und her zu wälzen. Haben Sie das Problem gelöst oder begonnen, daran zu arbeiten, verschwinden die negativen Gedanken von selbst. Können Sie das Problem nicht oder noch nicht lösen, müssen Sie es wohl oder übel als Teil Ihres Lebens akzeptieren.

Es bringt nichts, über etwas zu grübeln, das man nicht ändern kann, daran vergeudet man nur seine Energie. Indem Sie die Situation akzeptieren, schließen Sie Frieden damit und können sich auf andere Dinge konzentrieren. Bloßes Hinnehmen reicht aber nicht, Sie müssen das Schicksal oder auch Ihren eigenen Fehler aktiv annehmen. Wenn Sie das nicht können, weil der Umstand zu sehr schmerzt, dann gibt es noch eine Notlösung: die Meta-Akzeptanz. Das bedeutet so viel wie „das, was über das Akzeptieren hinausgeht". Sie akzeptieren in dem Fall, dass Sie die Situation nicht akzeptieren können. Dadurch schließen Sie Frieden mit Ihren Gedanken und Gefühlen, denn Sie respektieren sie als berechtigt. Auf die Art tritt dann Harmonie in Ihnen ein.

Um inneren Frieden zu finden, ist es aber auch sehr wichtig, dass Sie Ihre negativen Gefühle loslassen. Gefühle werden zwar durch Gedanken erzeugt, jedoch erzeugen die Gefühle wieder Gedanken und so wird das Ganze zum ewigen Teufelskreis. Indem Sie Ihre Gefühle loslassen, unterbrechen Sie diesen Kreislauf. Hierfür gibt es mehrere Methoden – Verdrängen oder Unterdrücken sind jedoch keine hilfreichen Mittel, sondern verschlimmern alles noch, da sich die Gefühle im Inneren anstauen, von dort an Ihnen zehren und irgendwann mit geballter Wucht herauskommen. Um sich von einer vergangenen Beziehung oder einem anderen Menschen zu lösen, der Ihnen Kummer, Ärger, Angst oder Schmerz verursacht, stellen Sie sich mit geschlossenen Augen vor, wie dieser in ein paar Metern Entfernung vor Ihnen steht oder sitzt und zwischen

Ihnen ein Seil oder eine ähnliche Verbindung gespannt ist. Dann nehmen Sie (ebenfalls in Ihrer Vorstellung) eine Schere oder einen anderen scharfen Gegenstand und zertrennen die Verbindung. Bekräftigen Sie den Akt durch eine Aussage wie „Ich bin jetzt frei von dir" oder Ähnliches. Öffnen Sie dann die Augen und bleiben Sie noch eine Weile sitzen, um das Gefühl Ihrer neuen Freiheit zu spüren. Falls das negative Gefühl doch wiederkommt, wiederholen Sie den Vorgang.

Bei jeder Art von Gefühl können Sie dieses aber auch direkt verschwinden lassen. Zum Beispiel stellen Sie sich vor, wie Sie an einem Fluss sind, auf dem ein Holzstück an Ihnen vorbeischwimmt. Auf dieses Holzstück schreiben Sie den Namen Ihres Gefühls, zum Beispiel „Angst" oder „Wut", und lassen es mit der Strömung wegtreiben. Fühlen Sie dabei intensiv, wie das Gefühl verschwindet und sich Leichtigkeit in Ihnen ausbreitet.

Kommt das Gefühl in Ihnen zurück, lassen Sie es wieder mit einem Holzstück wegtreiben, bis es irgendwann nicht mehr kommt. Sie können Ihre Gefühle auch mit einem Stock in den Sand am Meer schreiben und sie von den Wellen wegspülen lassen (in Ihrer Vorstellung oder auch in echt) oder Sie stellen sich vor, wie sie auf einer weißen Wand geschrieben stehen, und übermalen sie dann mit bunter Farbe. Sie können sie auch (in echt) auf einen Zettel schreiben und diesen in kleine Stücke zerreißen oder verbrennen.

Wenn Sie es etwas friedlicher mögen oder sich in Dankbarkeit von den Gefühlen trennen möchten, was je nach Situation sicher schöner ist, gibt es auch Wege. Empfinden Sie Ihr Gefühl, nehmen Sie es an und erinnern Sie sich an die Situation, mit der Sie es verbinden. Dann formulieren Sie einen herzlichen Dank an dieses Gefühl, dass es so lange bei Ihnen war, und sagen ihm anschließend, dass jetzt der Moment gekommen ist, wo Sie es gehen lassen und ohne es weiterleben. Tun Sie das ohne Ablehnung, sondern in ehrlicher Akzeptanz und Dankbarkeit, denn nur, wenn Sie sich mit dem Gefühl positiv verbunden fühlen, können Sie sich von ihm lösen. Eine andere Möglichkeit ist, in die Wolken zu schauen, am besten an einem leicht windigen Tag mit mittlerer Bewölkung. Schauen Sie ganz entspannt nach oben, suchen sich eine Wolke aus und fixieren Sie diese mit dem Blick, während Sie Ihr Gefühl ohne Ablehnung spüren.

Dann schicken Sie Ihr Gefühl nach oben zu dieser Wolke. Spüren Sie, wie es hochfliegt und in die Wolke eintaucht. Behalten Sie die Wolke weiter gut im Blick und verfolgen Sie sie mit den Augen, bis Sie sie nicht mehr sehen können. Kurz bevor sie weg ist, bitten Sie innerlich darum, dass für dieses weggezogene Gefühl ein anderes, ein gutes Gefühl mit der nächsten Wolke zu Ihnen kommt. Seien Sie ganz entspannt, atmen Sie tief ein und fühlen Sie die Leichtigkeit, die jetzt mit den neuen Wolken über Sie zieht. Nun machen Sie es umgekehrt: Holen Sie das gute Gefühl zu sich herunter, spüren Sie, wie es in Sie strömt und sich in Ihnen ausbreitet.

GUT SEIN - GUTES TUN

Schon Sokrates wusste, dass glücklich zu sein darin besteht, Gutes zu tun, und auch die modernen Glücksforscher um Seligman lehren uns, dass man die höchste Stufe des Glücks nur erreicht, wenn man seinem Leben eine höhere Bedeutung gibt. Jeder Mensch sollte zwar ohnehin aus Menschlichkeit und Gerechtigkeit Gutes tun und sich gut verhalten (auch, wenn es die wenigsten tun), aber wenn man dadurch auch noch seinem eigenen Glück auf die Sprünge helfen kann, ist das doch umso mehr ein Grund, gleich mit den guten Taten (und Gedanken) anzufangen.

Das Gute fängt direkt bei Ihnen zu Hause und in Ihrer nahen Umgebung an. Sorgen Sie für Harmonie in Ihrem sozialen Umfeld. Finden Sie Ihr Glück darin, dass Ihre Lieben glücklich sind und Freude am Leben haben. Teilen Sie Ihr Glück mit ihnen, doch geben Sie ihnen auch Glück, wenn Sie sich gerade nicht so glücklich fühlen (dann werden Sie es). Schauen Sie bei Problemen nicht weg und helfen Sie Ihren Mitmenschen, Krisen zu bewältigen, indem Sie ihnen Kraft und Energie geben, Mut machen und Zuversicht schenken. Seien Sie aufmerksam und überraschen Sie Familie und Freunde mit schönen Erlebnissen und kleinen Aufmerksamkeiten. Die strahlenden Gesichter und das Glück in den leuchtenden Augen werden Sie erfreuen.

Schauen Sie aber auch über den Tellerrand hinaus. Überall in der Welt gibt es Menschen, die Hilfe brauchen. Wenn Sie können, helfen Sie denen, denen es wirklich schlechtgeht. Das kann ganz einfach Ihr kranker, alter Nachbar sein, der sonst niemanden hat, oder ein armer Obdachloser, der friert und nichts zu essen und zu trinken hat. Es kann auch jemand sein, der so unglücklich ist, dass er nicht mehr leben möchte, oder ein weinendes Kind, das vom Fahrrad gefallen ist. Diese Situationen sehen wir überall, doch die wenigsten von uns helfen, sondern gehen achtlos ihren Weg. Auch Freunden zu helfen, ihnen das Gefühl zu geben, dass sie überhaupt bemerkt werden und jemandem etwas bedeuten, ist eine großartige Sache. Unser Glück mit anderen zu teilen, Trost und Freude zu spenden, gibt unserem Leben einen Sinn und lässt uns innere Erfüllung verspüren.

Nur die wenigsten von uns haben im Leben die Chance, auch den Ärmsten in der „weiten Welt" aktiv zu helfen. Menschen in den armen Ländern unserer Welt haben nicht die Aussicht, sich und ihren Lieben auch nur auf einem entfernt ähnlichen Niveau so viel Gutes zu tun, wie wir es hier können.

Diese armen und oft kranken, hungernden Menschen leiden wirklich. Wir können ihnen helfen, ein etwas glücklicheres Leben zu führen, indem wir auch mal auf etwas verzichten, unseren Konsum unterlassen und stattdessen etwas spenden. Verschwendung und Prunk machen nicht glücklich, anderen zu helfen hingegen macht glücklich. Auch kleine

Geld- und Sachspenden für Menschen in Notlagen können bereits viel helfen. Wahrhaft glücklich kann man nur sein, wenn man ein gutes Gewissen hat, und das hat man nur, wenn man moralisch richtig handelt und gerecht genug ist, anderen etwas von dem eigenen Glück (oder in diesem Fall Wohlstand) abzugeben. Denken Sie aber daran, dass nicht nur Menschen Ihre Hilfe brauchen, sondern auch Tiere, Pflanzen und die Welt als solche.

Verhalten Sie sich verantwortungsbewusst gegenüber der Umwelt, schonen Sie die Ressourcen durch sparsamen Verbrauch aller Art, beziehen Sie Ökostrom, fahren Sie so wenig wie möglich mit dem Auto, verzichten Sie auf Flugreisen und Kreuzfahrten. Pflanzen Sie Bäume und Blumen, spenden Sie für den Schutz des Regenwaldes und anderer Naturschutzgebiete. Kaufen Sie keine Produkte aus Massentierhaltung oder mit Tierversuchen. Spenden Sie für Tierschutzvereine. Verzichten Sie auf Konsum, nehmen Sie nicht an der Wegwerfgesellschaft teil. Kaufen Sie Recycling-Produkte und trennen Sie Ihren Müll.

Vieles sagte ich Ihnen auch schon an anderen Stellen dieses Buches, vieles wissen Sie wahrscheinlich auch schon. Informieren Sie sich weiter und vor allem seien Sie konsequent in Ihrem Verhalten. Informieren Sie sich auch, was Sie aktiv bei sich vor Ort tun können, um die Natur zu schützen, und wie Sie die Naturschutzarbeit auf der Welt fördern können. Das gibt Ihnen nicht nur ein reines Gewissen, ein sinnvolles Gefühl und steigert auf diese Weise Ihr Glück, sondern Sie ermöglichen auch Ihren Nachfahren eine glückliche Zukunft auf diesem Planeten.

SELBSTVERTRAUEN & EINKLANG MIT DEM EIGENEN INNEREN

Was hat Selbstbewusstsein mit dem Glück zu tun? Sehr viel. Nur mit einem gesunden Selbstbewusstsein schaffen Sie es, zu Ihrem persönlichen, echten Glück zu finden. Denn ansonsten glauben Sie den Glücksmythen und rennen fleißig im Hamsterrad den Vorstellungen der anderen hinterher, ohne jemals an Ihren eigenen Zielen anzukommen. Selbstvertrauen und ein guter Kontakt mit Ihrer eigenen Seele ermöglichen es Ihnen, sich von den auferlegten Glücks-Zwängen, von dem Selbstbetrug, loszueisen und Ihren eigenen Weg zu gehen. Nur, wenn man ganz man selbst ist, kann man wirklich glücklich werden. Ansonsten spürt man tief in sich immer, dass etwas nicht stimmt, und das schlägt sich auf die Stimmung nieder. Um glücklich zu sein (oder zu werden), ist es also wichtig, dass Sie herausfinden, was Sie selbst eigentlich wollen.

Gehen Sie in sich und fragen Sie Ihre Seele, was für sie wirklich zählt, womit sie zufrieden ist, was sie gern ändern würde und was sie zu Ihren Lebzeiten erreichen möchte. Setzen Sie sich dafür ganz in Ruhe allein gemütlich hin und schalten Sie alle Ablenkungsquellen aus. Schließen Sie die Augen und vertiefen Sie sich ganz in sich selbst. Lassen Sie Gedanken, die Ihnen kommen, einfach vorbeiziehen, und denken Sie bewusst an nichts, bis Sie ganz entspannt sind. (Das ist bis hierhin übrigens eine gute Entspannungsübung, die Sie auch so einfach mal zwischendurch machen können.) Dann fragen Sie in sich hinein: „Was ist mir im Leben wichtig?" Lassen Sie die Antworten einfach aus Ihrem Inneren kommen, doch seien Sie achtsam: Nicht jede Antwort kommt wirklich von Ihnen selbst. Sie haben viele Meinungen abgespeichert, die Sie von anderen oder durch Schlussfolgerungen aus eigenen Erfahrungen „gelernt" haben. Deshalb halten Sie jeden Gedanken einzeln einen Moment lang fest und fühlen Sie ihn intensiv. Welche Gefühle spüren Sie dabei? Fühlen Sie sich angenehm, entspannt und freudig, dann ist es Ihr eigener Gedanke.

Schreiben Sie diesen in Ihrer Vorstellung in Leuchtschrift auf eine weiße Leinwand. Fühlen Sie sich unwohl, angespannt oder irgendwie undefinierbar seltsam, dann ist es ein fremder Gedanke. Diesen müssen

Sie loswerden, um zu sich selbst zu finden. Sortieren Sie ihn direkt aus, indem Sie ihn vor Ihrem geistigen Auge in einen Mülleimer (mit Deckel) werfen. So verfahren Sie mit jedem Gedanken, der Ihnen als Antwort auf Ihre Frage in den Sinn kommt. Am Ende betrachten Sie Ihre Leinwand mit Ihren eigenen Gedanken, die dort alle in Leuchtschrift prangen. Prägen Sie sie sich gut ein. Dann öffnen Sie langsam die Augen und schreiben diese Gedanken auf ein Blatt Papier. Geben Sie dem Blatt den Titel „Mein Leben", „Das will ich" oder Ähnliches und hängen Sie es sich an einen gut sichtbaren Ort.

Damit allein ist es aber noch nicht getan. Sie wissen jetzt, was Sie selbst wollen, aber trotzdem haben Sie immer noch Angst davor, nicht so zu sein, wie andere es von Ihnen erwarten. Sie müssen die Einstellung, dass es wichtig sei, was andere Menschen von Ihnen und Ihrem persönlichen Glück halten, vollkommen abschütteln. Dafür müssen Sie innerlich stark werden, zu sich selbst stehen und sich aus allen unnötigen Zwängen lösen. Natürlich müssen Sie weiterhin die rechtlichen Vorschriften einhalten, verantwortungsvoll mit der Umwelt und anderen Menschen umgehen, für Ihre Familie sorgen und gegebenenfalls auch (bis Sie vielleicht etwas Besseres finden) eine Arbeit tun, bei der Sie nicht all Ihre Stärken entfalten können oder bei der Sie sich anders kleiden müssen, als Sie es gern tun würden.

Die meisten Zwänge sind jedoch vollkommen absurd und man gibt sich ihnen nur hin, weil man Angst davor hat, schief angeguckt, ausgelacht oder ausgegrenzt zu werden. So zum Beispiel, dass Frauen sich schminken und die Beine rasieren müssen, dass Männer kurze Haare tragen müssen, dass man aus einem Glas trinkt, vor Mitternacht ins Bett geht, dieselben Serien wie alle anderen sieht, dieselbe Musik hört (und nicht zu laut), in sozialen Netzwerken aktiv ist, ein Sofa hat oder Schuhe trägt. Genau genommen ist fast nichts von dem, was wir tagtäglich tun und womit wir uns umgeben, wirklich nötig, und es entscheidet sich nicht wirklich jemand aus freien Stücken dazu, sondern man macht es so, weil alle es so tun. Natürlich müssen Sie nicht all Ihre Gewohnheiten ändern, um Selbstbewusstsein zu entwickeln, jedoch sollten Sie einmal kritisch hinterfragen, was davon Sie wirklich gern tun, und so vielleicht einiges streichen.

Um Selbstbewusstsein zu üben, sollten Sie sich jedoch auch bewusst anders verhalten, als die Norm es vorgibt – wie gesagt, natürlich im gesetzlichen und verantwortungsvollen Rahmen, nur bezogen auf die diversen unnötigen Dinge, die Sie täglich tun, weil man es angeblich muss. Gehen Sie als Frau ungeschminkt aus dem Haus. Als Mann können Sie sich im Gegenzug dazu mal für einen Tag schminken. Frisieren Sie sich nicht, bürsten oder kämmen Sie sich nicht einmal die Haare. Gehen Sie im Schlafanzug Brötchen holen. Laufen Sie barfuß. Gehen Sie rückwärts (natürlich nur auf einer ungefährlichen Strecke). Bestellen Sie im Restaurant Pizza mit Nudeln – nicht beides getrennt, sondern die Nudeln obendrauf. Schauen Sie einen Tag lang nicht auf Ihr Handy und kümmern Sie sich nicht darum, ob sich Leute ärgern, weil Sie nicht direkt auf ihre Nachrichten antworten.

Gehen Sie im Winter mit kurzer Hose hinaus oder tragen Sie im Sommer Mütze und Schal. Singen Sie in der Fußgängerzone ein Lied. Sagen Sie Ihre ehrliche Meinung, wenn jemand Sie nach Ihrem Urteil fragt (natürlich höflich). Sagen Sie es geradeheraus, wenn Sie sich zu etwas nicht in der Lage fühlen oder etwas nicht tun möchten. Schauen Sie nicht weg, wenn andere einen Menschen beleidigen oder mobben, sondern stellen sich auf seine Seite. Kaufen Sie sich nichts, nur weil andere es sich kaufen.

Bestellen Sie Wasser, während die anderen Alkohol trinken. Es gibt unzählige Möglichkeiten, im Alltag gegen den Strom zu schwimmen und daran Ihr Selbstbewusstsein aufzubauen. Bleiben Sie dabei immer freundlich zu allen und lächeln Sie, wenn Sie kritisiert werden. Wenn jemand fragt „Was ist denn mit dir los?!“, antworten Sie einfach: „Ich bin ich, und ich mache das so“. Wenn Sie das im Kleinen lernen, dann können Sie auch im Großen Ihr eigenes Leben leben und Ihr persönliches Glück erreichen.

Werfen Sie Ihr Streben nach „Perfektion“ und Anerkennung über Bord. Perfektion für alle gibt es ohnehin nicht, aber jeder ist für sich selbst perfekt. Niemand kann jemand anderen äußerlich oder innerlich bewerten, denn seine eigenen Maßstäbe gelten nur für ihn selbst, nicht für alle anderen. Wenn Sie versuchen, so zu sein, wie andere Sie haben wollen, und dafür Anerkennung zu bekommen, ist es keine echte Anerkennung und nichts wert. Was zählt, ist nur Ihr wahres Ich, und das hängt nicht von Ihrem Aussehen oder „normalem“ Verhalten ab. Wer Ihr wahres Ich nicht respektiert und Sie nicht so liebt und schätzt, wie Sie sind, den können Sie getrost vergessen. Lassen Sie sich von niemandem einreden, dass irgendetwas mit Ihnen nicht stimmt. Wenn Ihnen jemand so etwas sagt, stimmt mit diesem Menschen etwas nicht. Wer andere bewertet und schlechtmacht, hat selbst die größten Probleme und Komplexe. Lassen Sie Ihr Lebensgefühl und Ihr Glück nicht dadurch beeinträchtigen. Seien Sie in jedem Moment Ihres Lebens so, wie Sie sich selbst am liebsten haben, und stehen Sie dazu. Wenn Sie Sie selbst sind, stimmt mit Ihnen alles. Sie sind perfekt, so wie Sie sind. Nehmen Sie all Ihre persönlichen Eigenschaften an und lieben Sie sich als den einzigartigen Menschen, der Sie sind.

Niemand hat Ihnen in Ihr Leben hineinzureden, wenn Sie sich mit sich selbst wohlfühlen und glücklich sind. Sie müssen sich nicht maskieren und verkleiden, nur um anderen zu gefallen. Und wenn Sie es in Ihrem Job oder bei besonderen Anlässen (zum Beispiel Familienfeiern) doch müssen, bleiben Sie trotzdem Sie selbst. Seien Sie sich bewusst, dass Sie zu jeder Zeit Ihr eigenes Ich sind, seien Sie im Einklang mit Ihrem Inneren und freuen Sie sich daran. Aus diesem inneren Glücksgefühl heraus haben Sie die Stärke, alle Blicke und Kommentare an sich abprallen zu lassen.

DAS INNERE KIND GLÜCKLICH MACHEN

In der Kindheit haben wir noch echtes, unbeschwertes Glück empfunden, da hatten wir noch nicht die ganzen Sorgen des Erwachsenenlebens. Viele Erinnerungen sind unter der Last unseres Alltagsstresses und so mancher schmerzhaften Erfahrung begraben, aber wenn wir uns in Ruhe hinsetzen und in uns gehen, kommt so mancher schöne Moment wieder zum Vorschein. Zur Not helfen alte Fotoalben, Postkarten, Spielzeug und was immer Ihnen aus Ihrer Kindheit noch erhalten ist.

Doch wir versuchen eher, die Erinnerungen zu vermeiden, da wir zum einen Angst haben, uns an schmerzhafte Verluste zu erinnern, und zum anderen, weil wir dann erst merken, wie unglücklich wir heute im Vergleich zu damals wirklich sind. Wo ist das unbeschwerte Glück, das wir einfach genießen und in unserem ganzen Körper spüren konnten? Wo ist die Leichtigkeit, wo ist das natürliche Vertrauen, dass alles gut ist? Wäre es nicht großartig, wenn Sie diese kindliche Unbeschwertheit, dieses vollkommene Glück wiedererwecken könnten? Sie können sich diese kleinen und großen Glücksmomente zu sich in Ihr stressiges Erwachsenenleben holen, indem Sie wenigstens in Ihrer Freizeit so sind wie ein Kind.

Dafür müssen Sie lernen, die Welt wieder mit Kinderaugen zu sehen. So wenig hat damals für perfektes Glück gereicht. Eine Umarmung, ein Tag in der Sonne am Meer, ein schöner Ausflug. Spiele mit Freunden, Freundinnen und der Familie. Der Geburtstag, Weihnachten, Ostern, Urlaub. Eine schöne Blume, ein Schmetterling, das Zwitschern eines Vogels. Pflanzen entdecken, Tiere beobachten und streicheln, im Garten helfen. Sehen, wie alles wächst und gedeiht, was man selbst ausgesät hat;

einfach alle Lieben um sich zu haben, Trost bei Krankheit und Problemen, zu Hause willkommen zu sein, zufrieden einzuschlafen und wieder aufzuwachen, ein liebevoll gekochtes Lieblingsessen, ein Stück Kuchen, ein Eis, ein Lolli, Kuscheltiere, Spielen in der Sandkiste, der erste eigene gelungene „Sandkuchen".

Es gibt so viele schöne Momente und Erlebnisse, die uns einmal glücklich gemacht haben und uns in der Erinnerung immer noch so glücklich, aber auch so sehnsüchtig und sentimental werden lassen. Jede(r) von Ihnen möge sich hier seine eigenen glücklichen Kindheitsmomente vorstellen, Sie dürfen lachen und weinen. Viele Ereignisse können wir schon einfach aus dem Grund nicht mehr zurückholen und wiederholen, weil die Menschen, die dazugehört haben, einfach nicht mehr bei uns sind. Trotzdem und gerade deshalb sollten wir das Glück unserer Kindheit weiter in unserem Herzen bei uns tragen. Es bleibt für immer.

Doch unser inneres Kind schreit auch jetzt nach Glück und Freude, möchte ab und zu noch einmal mit seinen Augen aus unserem Erwachsenenkörper herausschauen und einfach noch einmal ganz unbefangen glückliche Momente erleben. Machen Sie Ihr inneres Kind glücklich, genießen Sie Ihr Leben ab und zu so, wie ein Kind es tut (wie Sie es als Kind getan haben) und schauen Sie mit staunenden Kinderaugen in die Welt. Lassen Sie sich nicht durch Stress und Zwänge des Erwachsenenlebens daran hindern, schütteln Sie den Ballast ab und mit ihm die Vorstellung, ein Erwachsener müsse sich wie ein Erwachsener benehmen. Sie wollen glücklich sein, das Kind in Ihnen will glücklich sein, und das zählt. Erleben Sie einige Momente aus Ihrer Kindheit bewusst noch einmal. Nehmen Sie sich Zeit dafür, an Ihrem Feierabend, am Wochenende oder im Urlaub. Beziehen Sie Ihre Familie und Ihre Freunde mit ein.

Vielleicht sind Kinder dabei – aber alle Erwachsenen waren auch einmal Kinder, so wie Sie ein Kind waren. Erinnern Sie sich gemeinsam an all die schönen Dinge aus der Kindheit, aber werden Sie nicht zu sentimental, schließlich geht es ja ums Glück. Spielen Sie Kinderspiele wie Fangen und Verstecken oder Gesellschaftsspiele. Sprechen Sie mit Blumen, mit Tieren und auch mit „Tierwolken" und dem Mond. Tun Sie so, als ob die Dinge Ihnen antworten würden, und glauben Sie an die Antwort. Gehen Sie früh ins Bett und stehen Sie früh wieder auf. Kochen Sie sich Kakao statt Kaffee.

Setzen Sie sich in eine Sandkiste (mit Eimer, Schaufel und Förmchen), backen Sie „Sandkuchen" und lassen Sie sich gern für verrückt erklären. Machen Sie eine Kuschelrunde mit Familie und Freunden (mit Saft, Brause und Lollis) und kuscheln Sie auch ab und zu mit Ihrem Teddy (oder Ihrer Puppe) aus Ihrer Kindheit. Lachen Sie nur so (Lachen ist ansteckend), ziehen Sie Grimassen vor dem Spiegel oder seien Sie einfach mal faul und machen Sie Ihre „Hausaufgaben" nicht. Toben Sie herum wie ein unbefangenes Kind. Lassen Sie Ihr inneres Kind und Ihre Seele das alles einfach noch einmal ausleben und erleben.

Sie werden deutlich spüren, wie neue Energie und längst vergessene und verloren geglaubte Glücksgefühle der ganz einfachen, harmlosen Art in Sie zurückkehren. So viel Glück hat Sie sicher lange nicht mehr durchströmt. Am schönsten ist es, das Spiel der wiederentdeckten Kindheit mit den allerliebsten Menschen zusammen zu spielen. Vielleicht kennen Sie noch Ihre echten Freunde und Freundinnen aus Ihren Kindertagen. Das wäre noch extra großes Glück, weil Sie sich dann gemeinsam erinnern und viele Spiele noch einmal fast „original" nachspielen können. Aber natürlich geht das auch mit Ihren neuen Freunden. Finden Sie heraus, wer ebenfalls noch gern ab und zu ein Kind wäre. Um Menschen, die dies lächerlich finden, machen Sie bitte im Interesse Ihres unbeschwerten Glücks einen großen Bogen. Diese „Spielverderber" (die es auch schon immer gab) würden Sie auf dem Weg in Ihr persönliches, echtes Glück beeinträchtigen. Und nun viel Glück und Freude, Sie großes Kind, entdecken Sie sich selbst zurück.

6. Äußere Nachhilfe für inneres Glück – Mit diesen Mitteln helfen Sie Ihren Glückshormonen auf die Sprünge

SCHÖNE MOMENTE, GEMÜTLICHKEIT & POSITIVE BEZIEHUNGEN

Sie können das Hier und Jetzt in vielen kleinen Glücksmomenten genießen, dabei wahre innere Glücksgefühle entwickeln und Ihr positives Lebensgefühl steigern, indem Sie es sich ab und zu so richtig gemütlich machen. Wenn Sie in einem sozialen Umfeld leben, das Sie lieben und von dem Sie geliebt werden, ist es natürlich am schönsten, diese Momente mit Ihren Lieben teilen zu können. Suchen Sie den Kontakt mit diesen Menschen, schenken Sie ihnen Ihre ungeteilte Aufmerksamkeit und erleben Sie so oft wie möglich gemeinsam mit ihnen das Glück. Aber wenn es solche Menschen in Ihrem Leben nicht gibt, geht das alles ganz wunderbar erfüllend auch allein (jedenfalls mit etwas Übung).

Glücksmomente zu teilen, ist immer schön, und jeder wünscht sich das, aber allein zu sein, ist nicht gleichzusetzen mit Einsamkeit und muss insofern nichts sein, das dem Glück im Weg steht. Mit sich selbst zu sein, für sich selbst da zu sein und sich selbst ohne schlechtes Gewissen schöne Momente bereiten zu können, tut Körper und Seele gut und ist ein Zeichen der Wertschätzung des eigenen Selbst.

So mancher überzeugte Single wird hier lächelnd anmerken, dass er/ sie das ganze Brötchen für sich hat (auch die obere Hälfte), dass er/

sie immer die eigene Lieblingsmusik hören kann und dass es wirklich schön ist, wenn man die ganze Bettdecke für sich allein hat. Diese Reihe von Vorzügen ließe sich sicher noch um einiges weiter fortsetzen. Also: Ganz gleich, ob Sie Glücksmomente zu mehreren oder allein genießen möchten, es ist immer möglich. Wenn man das Glück der anderen in der Welt nicht vergisst, kann man sich ganz entspannt die persönlichen wohlverdienten Glücksmomente gönnen. Das ist wichtig, um zu sich selbst zu finden, innere Harmonie herzustellen und fit, ausgeruht und mit einer positiven Ausstrahlung in den nächsten hektischen Tag und die nächsten Vorhaben zu starten.

Möglichkeiten für das „kleine Glück" gibt es viele. Sie kennen bestimmt den Satz „Essen hält Leib und Seele zusammen". Ein schönes Lieblingsessen bei Kerzenschein, das macht glücklich. Es gibt sogar bestimmte Nahrungsmittel, die gezielt die Glückshormone aktivieren, doch dazu gleich in einem eigenen Abschnitt mehr. Man kann auch einfach in die Flamme einer Kerze schauen und dabei von etwas Schönem träumen. Auch Räucherstäbchen und Duftöle tragen zur Entspannung und zum Wohlbefinden bei.

Dazu mit Familie, Freunden oder auch allein die Lieblingsmusik hören, eine gemütliche Spielrunde zu mehreren oder einen schönen oder lustigen Film anschauen, wie wäre das? Allein für sich ein Wellnessbad nehmen, sich wie ein Kind an einem flauschigen Bademantel erfreuen und anschließend allein oder zu zweit in ein frisch bezogenes Bett steigen, um glücklich zu kuscheln, zu träumen und erholsam zu schlafen? Oder verbringen Sie doch einfach mal einen ganz gemütlichen Couch-Tag in Jogginghose und lassen Sie die Seele baumeln.

Im Frühling oder Sommer machen Sie es sich bei schönem Wetter draußen bequem, entweder auf dem eigenen Balkon, im eigenen Garten oder unterwegs in einem Park oder am Strand. Hauptsache keine Hektik: Lassen Sie es sich einfach gut gehen. Wenn Sie Kinder haben, lesen Sie ihnen zum Schlafengehen eine schöne Geschichte vor oder singen Sie ihnen ein Gutenachtlied. Nehmen Sie die Lieben um sich herum so oft es geht in die Arme, geben Sie Glück und Wärme und spüren Sie das im eigenen Körper. Nehmen Sie auch sich selbst in die Arme und zeigen Sie Ihrer Seele, dass Sie sich so lieben, wie Sie sind. Machen Sie andere glücklich, indem Sie ihnen eine spontane Freude bereiten, zum Beispiel mit einem kleinen Geschenk, einem Essen oder einer Unternehmung. Schenken Sie auch Menschen Glück, die Sie nicht persönlich kennen, indem Sie Sach- oder Geldspenden leisten. Seien Sie zu Ihrem Umfeld und zu Fremden freundlich, vermeiden Sie Streit, helfen Sie und strahlen Sie positive Energie aus, so leben Sie in Harmonie und bekommen doppelt so viel positive Energie zurück.

ESSBARES GLÜCK

Dass eine gesunde Ernährung wichtig ist, weiß heutzutage fast jeder, auch, wenn sich lange nicht jeder gesund ernährt. Was viele dabei nicht wissen: Eine ausgewogene, vitamin- und mineralstoffreiche, natürliche Ernährung stärkt nicht nur das Immunsystem und die Körperfunktionen, sondern wirkt auch Stress entgegen – und dieser ist, wie Sie aus dem zweiten Kapitel wissen, ein großes Hindernis für unser Glück. Im Stress greifen wir normalerweise zu Süßigkeiten und Fast Food, um schnell unsere Energiereserven aufzufüllen, doch hiermit tun wir nicht nur der Figur nichts Gutes. Der Zucker ist schnell verbraucht und lässt uns hinterher in ein noch tieferes Loch fallen, und das Fett belastet unsere Verdauung und damit Körper und Seele.

Durch Stress werden alle Vitamine, Mineralstoffe und sonstigen Nährstoffe in deutlich höherem Ausmaß verbraucht als normalerweise, denn der Körper befindet sich in Bereitschaft zu Höchstleistungen. Insbesondere die Vorräte an Magnesium, B-Vitaminen und Vitamin C, aber auch Calcium und Eisen werden sehr stark beansprucht.

Um Stress entgegenzuwirken und somit das Glück zu fördern, sollten Sie daher auf eine gesunde Ernährung mit viel Obst und Gemüse, Vollkorngetreideprodukten, Nüssen, Hülsenfrüchten und (ggf. laktosefreien) Milchprodukten achten. Auch Kakao, wie er in dunkler Schokolade (ab 70 %) enthalten ist, enthält viel Magnesium. Auf Produkte mit viel künstlichem Zucker und/ oder fettreiche Speisen und insbesondere auf „leere Kalorien" von Fast Food und Weißmehlprodukten sollten Sie hingegen verzichten.

Fleisch enthält zwar auch B-Vitamine und Eisen, aber ist durchaus verzichtbar für eine ausgewogene, gesunde Ernährung. Fleischgerichte sind in der Regel schwerer verdaulich als vegetarische Ernährung und verlangen Ihnen daher zusätzliche Energie ab. Wenn Sie Fleisch essen möchten, sollten Sie nur solches aus Bioland-Haltung kaufen. Ansonsten gehen mit dem Fleisch bereits Stresshormone (und andere schädliche Stoffe wie zum Beispiel Antibiotika) in Sie über.

Der Spruch „Du bist, was du isst" wird dann zur unschönen Wahrheit. Die Tiere hatten kein schönes Leben und so haben sie sich auch nicht wohlgefühlt, entsprechend haben sie keine Glücks-, sondern Stresshormone produziert, die auch nach dem Tod im Fleisch erhalten bleiben. Am schlimmsten ist aber die Todesangst, die sich bei der Schlachtung in ihnen abgespeichert hat. Diese Angst essen Sie dann mit und nehmen sie in sich auf. Wenn Sie glücklich werden wollen, sollten Sie sich also reiflich überlegen, ob Sie Fleisch essen und wo Sie es kaufen.

Nun aber wieder zu etwas Angenehmerem: Die richtige Ernährung hilft nicht nur gegen Stress, sondern es gibt sogar Nahrungsmittel, die Glück auslösen – sie regen nämlich die Serotoninproduktion an. Denn sie enthalten eine Vorstufe von Serotonin, die Aminosäure Tryptophan. Über die Darmzellen wird diese aufgenommen und an das Gehirn weitergeleitet, wo sie in Serotonin umgewandelt wird.

Das kann allerdings nur geschehen, wenn sie in Kombination mit anderen Aminosäuren aufgenommen wird, denn ansonsten wird sie in den Darmzellen direkt verbraucht und nicht weitergeleitet. Glücklicherweise besitzen viele Lebensmittel, die Tryptophan enthalten, auch alle anderen wichtigen Aminosäuren. Für die Umwandlung in Serotonin sind wiederum Magnesium, Calcium und B-Vitamine nötig. Der Transport kann außerdem nur mithilfe langsamer Kohlehydrate erfolgen. All das finden Sie in den Nahrungsmitteln, die auch gegen Stress wirken (siehe oben). Wichtig ist dabei, die Nahrungsmittel nicht oder nur so kurz wie nötig zu erhitzen, da sonst das Tryptophan zerstört wird. Zudem wird Tryptophan nicht im Körper gespeichert, muss also für eine erfolgreiche „Glücks-Ernährung“ jeden Tag mit der Nahrung aufgenommen werden. Sie finden große Mengen an Tryptophan zum Beispiel in Emmentaler, Cashewkernen, Sesamsamen, Hühnerei, Erbsen, Linsen, Walnüssen, Haselnüssen, Haferflocken, Weizen, Roggen, Kakao, Ananas, Bananen, Datteln, Feigen, Pflaumen und Erdbeeren.

SPORT & BEWEGUNG

Sport ist eine gute Möglichkeit, dem Glück auf die Sprünge zu helfen, denn er kurbelt die Dopaminausschüttung an, lindert Stress und gibt ein befreites Gefühl. Es muss aber nicht unbedingt „richtiger“ Sport sein, sondern leichte Bewegung reicht auch aus. Je nachdem, wie fit Sie sind und welche Vorlieben Sie haben, werden Sie also sicher einen Weg finden, um Ihr Glück „auf Trab“ zu bringen.

Wenn Sie eher der ruhige Typ sind, dann sind Yoga, Tai-Chi, Qi Gong und Gymnastik gut für Sie geeignet. Alles sind leichte Bewegungsübungen, bei denen es nicht auf Geschwindigkeit ankommt und die nicht viel Kraft kosten. Die ersten drei stammen aus dem Fernen Osten und dienen seit Jahrhunderten bzw. Jahrtausenden dazu, Körper, Geist und Seele in Einklang zu bringen. Energieblockaden werden gelöst, Anspannungen aufgehoben, man findet zu sich selbst und die Selbstheilungskräfte werden aktiviert.

So werden die körperliche und psychische Gesundheit, die innere Ausgeglichenheit und das seelische Wohlbefinden gleichermaßen gefördert. Sie können diese Übungen (auch Gymnastik) allein oder in einer Gruppe ausüben. Auf jeden Fall empfiehlt sich ein Kurs bei einem Profi, denn es handelt sich um spezielle Übungsabläufe, die richtig ausgeführt werden müssen, um das gewünschte Ziel zu erreichen. Hat man sie aber einmal richtig gelernt, kann man diese Übungen auch jederzeit zu Hause ausüben, um sich harmonisch und ausgeglichen zu fühlen.

Wenn Sie eher der Typ sind, der eine sportliche Herausforderung sucht, bietet es sich an, in der Freizeit regelmäßig zu joggen, Rad zu fahren, Fitnesstraining zu machen oder Ballsport auszuüben (Letzteres natürlich in einem Verein). Wenn Sie mehr der verspielte Typ sind, finden Sie vielleicht Gefallen an Seilspringen, Hula-Hoop oder Hüpfen auf einem Hüpfball, wie Kinder es tun. Auch Schaukeln ist gesund und gut für Spaß und den Gleichgewichtssinn. Vielleicht fallen Ihnen selbst jetzt auch andere Bewegungs- und Sportarten ein, die Sie ausüben möchten. Sie dürfen sich gern etwas Eigenes ausdenken, solange es Sie glücklich macht.

Wenn Sie eher der romantische Typ sind, empfiehlt sich Tanzen mit anderen zusammen oder auch allein zu Ihrer Lieblingsmusik zu Hause. Durch das Wattenmeer zu wandern, am Strand spazieren zu gehen oder durch flaches Wasser zu waten, macht ebenfalls glücklich. Hierbei gibt es im Sand auch nebenbei viel Interessantes und Schönes zu entdecken. Am Strand kann man sich aber auch „richtig" sportlich betätigen, zum Beispiel mit Frisbee oder Beachball, und natürlich gehören Baden und Schwimmen auch dazu.

Anschließend kann man den Tag romantisch beim Sonnenuntergang ausklingen lassen und endlich wieder einmal entspannt durchatmen – am besten mit Gleichgesinnten. Wenn ein Strand nicht in erreichbarer Nähe von Ihnen ist, gibt es aber sicher einen Wald, einen See, Felder oder zumindest einen Park, wo Sie spazieren können. Streng genommen ist eine schöne Umgebung nicht einmal nötig, um das Glück durch Bewegung zu fördern, denn man muss sich einfach nur bewegen. Auch durch die Stadt zu gehen oder Haushaltsarbeiten zu verrichten, hat eine ausgleichende Wirkung, sofern man es gern tut.

DIGITAL DETOX

Wenn Sie mit Ihren Lieben zusammen sind, konzentrieren Sie sich nur auf diese, genießen Sie die Zeit wirklich gemeinsam und nicht nur beieinander. Das heißt, verbannen Sie alle Smartphones und sonstigen Geräte. Auch Fernsehen ist keine ideale gemeinsame Beschäftigung, es sei denn, man kuschelt oder lacht dabei zusammen.

Auch allein sollten Sie so viel wie möglich auf Computer, Fernsehen und insbesondere das Smartphone verzichten. Ich habe Ihnen im zweiten Kapitel erklärt, dass diese Geräte zum großen Teil dafür verantwortlich sind, dass Sie sich nicht entspannen können. Schalten Sie Ihr Smartphone nicht nur auf lautlos, sondern ganz aus oder lassen Sie es am besten ausgeschaltet oder stumm in einer Schublade liegen, wo es Sie auch nicht durch seinen Anblick dazu reizt, doch mal eben nachzuschauen, ob jemand geschrieben hat.

Widerstehen Sie dem zur Gewohnheit gewordenen Reflex, ständig danach zu greifen und irgendetwas zu gucken oder zu tippen. Beschäftigen Sie sich aktiv mit etwas anderem. Aber natürlich nicht mit dem Computer oder Fernseher. Jeder Bildschirm, auf den Sie starren, hindert Sie daran, Ihr Leben zu leben. In den „Flimmerkästen" findet kein Leben statt. Leben ist nur, was Sie selbst tun, auch konzentrierte Entspannung. Filme, Serien, „lustige" Videos, PC-Spiele etc. sind keine echte Entspannung, da Sie dabei immer gebannt auf den Bildschirm gucken und sich nicht auf Ihren Körper, Ihre Seele oder Ihre echte Umgebung konzentrieren.

Abschalten muss man erst lernen, wenn man es gewohnt ist, andauernd irgendein Gerät zu benutzen. Beginnen Sie mit dem tatsächlichen Abschalten, wie gesagt das Smartphone ausschalten und in die Schublade legen, bei Fernseher und Computer ziehen Sie die Stecker (das vermeidet auch Elektrosmog und unnötigen Stromverbrauch) und Akku-Geräte wie Laptop oder Tablet schalten Sie ebenfalls ganz aus. Trainieren Sie sich nach und nach, setzen Sie sich pro Tag eine bestimmte Dauer zum Ziel, die Sie am Stück mindestens ohne die Geräte verbringen müssen (überschreiten dürfen Sie sie gern) und steigern Sie sie von Tag zu Tag. Belohnen Sie sich dafür mit einer schönen Beschäftigung, zum Beispiel Sport, einem Hobby oder einem Naturspaziergang. Es sollte nichts Stressendes wie zum Beispiel Shopping sein. Machen Sie sich von der Vorstellung frei, Sie müssten immer erreichbar sein. Das müssen Sie nicht. Es ist Ihre Freizeit, Ihr Leben, Ihr Glück. Verzichten Sie so viel wie möglich in Ihrer Freizeit auf Smartphone & Co. und legen Sie pro Woche außerdem einen (freien) Tag ein, an dem Sie diese Geräte gar nicht benutzen.

ENTSPANNUNG & ENERGIE IN DER NATUR FINDEN

Die Natur ist ein wunderbares, ganz „natürliches" Mittel, um ganz einfach Entspannung und Energie zu finden. An der frischen Luft fühlt man sich automatisch entspannter, man kann buchstäblich und sprichwörtlich durchatmen. Die UV-Strahlung (die immer da ist, sogar bei Regen) fördert die Produktion von Serotonin, Naturgeräusche wirken beruhigend und auf Grün zu schauen, sorgt ebenfalls für Ruhe. Man hat sogar festgestellt, dass Aufenthalt in der Natur gut für die körperliche Gesundheit ist.

Der Blutdruck wird gesenkt und die Atmung wird vertieft und verlangsamt, sodass die Muskeln sich entspannen und mehr Sauerstoff in die Organe gelangt. Doch darüber hinaus wird auch das Immunsystem gestärkt, denn Pflanzen geben einen Teil der ätherischen Öle, die sie in ihren Blättern haben, in die Luft ab. Diese werden durch die Atmung aufgenommen und sorgen dafür, dass der Körper gegen Krankheitserreger gestärkt wird. Man sollte zwei Stunden pro Woche im Wald verbringen, um sich gesund zu erhalten. Jedwede Natur reicht aber schon aus, um Ihr körperliches und seelisches Wohlbefinden zu erhöhen.

Gehen Sie regelmäßig (mehrfach pro Woche) in die Natur in Ihrer Nähe und unternehmen Sie im Urlaub auch längere Touren in andere Gebiete, egal, ob es Wiesen, Wälder, Strand, Meer oder Berge sind. Am besten gehen Sie zu Fuß oder fahren mit dem Fahrrad, ggf. müssen Sie aber vielleicht auch mit öffentlichen Verkehrsmitteln oder zur Not mit dem Auto fahren. Es gibt (ggf. vor den Toren der Stadt) viele großartige Landschaften und Wanderwege, auf denen man die Natur in ihrer Vielfalt genießen, sich vom stressigen Alltag erholen, Kraft tanken und viel entdecken und lernen kann.

Hören Sie den Stimmen der Natur zu, der Sprache der Tiere, dem Rauschen der Bäume im Wind, dem Klatschen und Platschen der Wellen. Genießen Sie die (hoffentlich) frische, klare Luft. Atmen Sie tief ein und spüren Sie, wie positive Energie in Sie einkehrt. Umarmen Sie Bäume, baden Sie in den Wellen, gehen Sie barfuß im Sand oder auf dem Rasen.

Fühlen Sie sich eins mit der Natur. Achten Sie dabei aber natürlich auf die Naturschutzregeln und alle tierischen und pflanzlichen Lebewesen, die Ihnen begegnen und Sie willkommen heißen. Wenn Sie die Gelegenheit dazu haben, besuchen Sie auch einmal einen Bio-Bauernhof. Dort gibt es Natur zum Anfassen, gutes Klima, Harmonie und Entspannung. Tieraugen können so lieb und süß gucken. Vielleicht sind (Bio-)Milch und Eier doch ausreichend, plus gesundes Obst und Gemüse aus heimischen Landen. So einfach kann man schönes Essen bereiten, das alle Beteiligten (auch die Tiere) glücklich macht. Beim anschließenden Spaziergang durch die Natur zwitschert vielleicht ein kleiner Vogel Ihnen ein Dankesliedchen im Namen der Natur. Ein Reh schaut hinter einem Baum hervor. Eine Kuh muht in der Ferne (glücklich). Bestimmt ist dann auch Ihre Seele glücklich.

Natur ist aber nicht nur unterwegs, sondern kann (sollte) auch bei Ihnen zu Hause sein. Wenn Sie einen Balkon oder einen Garten haben, machen Sie diesen zur Natur-Oase. Lassen Sie ihn aber wirklich Natur sein und gestalten Sie ihn nicht zu einem sterilen Wellnessbereich für sich. Natürlich können bzw. sollen Sie gern Pflanzen aussäen und anpflanzen, aber nicht einmal Gepflanztes wieder entfernen, beschneiden und dergleichen. Lassen Sie die Natur einfach existieren, als ob Sie oder Menschen überhaupt gar nicht existieren würden. Das gibt vielen Lebewesen die Chance, ein glückliches Leben zu führen, und ermöglicht Ihnen viel Zeit in unberührter Natur. Heißen Sie auch die Pflanzen willkommen, die sich von selbst bei Ihnen ansiedeln. Auch das ist Natur und Glück. Sie werden sich bald positiv wundern, welche Artenvielfalt auf kleinem Platz entstehen kann und wie viele kleine, bunte, fröhliche Besucher sich dankbar und glücklich ein Stelldichein geben. Freuen Sie sich daran wie als Kind, als Sie noch alles unbefangen betrachtet und noch nicht zwischen Gut und Böse oder Kraut und Unkraut unterschieden haben. Genießen Sie die Atmosphäre und danken Sie der Natur für ihren Besuch bei Ihnen zu Hause. So tanken Sie Energie und Entspannung und machen andere Wesen glücklich.

Und wir alle wissen, so manche Pflanze, die allgemein als Unkraut bezeichnet und zugunsten unschöner Monokulturen mit Gift vernichtet wird, ist vielleicht ein Heilkraut. Wenn Sie sich gut auskennen (aber nur dann), können Sie diese Pflänzchen auch für Ihre Gesundheit nutzen. Aber lassen Sie den Tieren bitte auch etwas übrig ... Diese erfreuen sich an jeder Pflanze und so erfüllt jedes (Un-)Kraut seinen Zweck in der natürlichen Welt. Greifen Sie nicht ein, sondern lassen Sie Ihre Blicke einfach auf der Vielfalt ruhen und entdecken Sie die Schönheit der Natur.

Teilen Sie diese Freude auch mit Ihrer Familie und Ihren Freunden, besonders auch mit Ihren Kindern. Gemeinsam entdecken Sie bestimmt sogar noch mehr. Denken Sie aber auch daran, dass Ihre Natur Sie manchmal braucht – wässern Sie sie bei Trockenheit und richten Sie ggf. umgeknickte Pflanzen nach Unwettern wieder auf. Stellen Sie im Garten auch den Tieren genügend Unterschlupf zur Verfügung (Nistkästen, Igelhaus, Insektenhotel etc.).

Auch nach innen sollten Sie sich ein bisschen Natur holen, und zwar in Form von Zimmerpflanzen. Diese verbessern die Raumluft und machen Ihre vier Wände zu einer natürlichen Wohlfühloase. Achten Sie auf den richtigen Standort für jede Pflanze und sorgen Sie für die richtige Menge Wasser (nicht zu viel und nicht zu wenig, je nach Pflanze unterschiedlich). Schneiden Sie auch hier nicht an Ihren Pflanzen herum und werfen Sie sie schon gar nicht weg, denn es sind Lebewesen. Lassen Sie sie leben und sorgen Sie dafür, dass es ihnen gutgeht, dann werden Sie dadurch glücklich(er).

KREATIVITÄT, HOBBY & FREIZEIT

Für viele hört sich Kreativität erst einmal wie eine Herausforderung an – anstrengend und nicht, als ob Sie mit zwei linken Händen dabei glücklich werden könnten. Das liegt aber nur daran, dass Sie zu hohe Ansprüche an sich stellen und sich falsche Vorstellungen machen, was Kreativität bedeutet. Jeder Mensch ist von Natur aus kreativ. Schauen Sie doch einmal den Kindern zu, was die alles erfinden, spielen und gestalten. Sich kreativ zu betätigen, macht einfach große Freude und ist

Selbstverwirklichung. Es kommt dabei nicht auf das Ergebnis an, sondern nur auf das „Machen“. Ihrer Fantasie sind dabei keine Grenzen gesetzt.

Vielleicht würden Sie gern wieder mal ein Bild malen (vielleicht haben Sie das zuletzt als Kind getan) oder sogar viele Bilder. Gehen Sie am besten in ein Geschäft für Mal- und Zeichenbedarf und schauen sich dort in Ruhe um. Das richtige Material wird Anziehungskraft auf Sie ausüben. Wenn Sie gute Vorkenntnisse haben, können Sie praktisch jedes Material wählen, ansonsten nehmen Sie am besten ein einfacheres Material (zum Beispiel keine Ölfarbe), um anfängliche Frustration zu vermeiden.

Schließlich wollen Sie sich glücklich fühlen und nicht ärgern. Papier und Stifte reichen für den Anfang völlig aus, um sich auszudrücken. Aquarellstifte sind auch gut geeignet, weil man erst trocken zeichnet und die Farben dann mit Wasser schön verlaufen lassen kann. Lösen Sie sich von der Vorstellung, dass man auf einem Bild einen Gegenstand originalgetreu erkennen muss. Sie können die Dinge einfach malen bzw. zeichnen, wie es Ihnen gerade in den Sinn kommt, und auch völlig frei einfach nur Formen und Farben auf das Papier bringen.

Hinterher können Sie die durch den Verlauf entstandenen Ergebnisse mit Ihrer Fantasie deuten. Auch das ist kreativ und bringt Spaß. Genießen Sie den Malprozess in vollen Zügen, besonders am Anfang ist der Weg das Ziel. Die kleinen und großen Kunstwerke werden Ihnen viel Freude bereiten. Es geht dabei um Ihr eigenes Glück, lassen Sie sich also bitte nicht von außen bewerten und kritisieren. Das würde alles kaputtmachen. Seien Sie wie ein Kind, das einfach Spaß haben will. Sie können Ihren Malspaß aber natürlich nicht nur allein, sondern auch in einer Gruppe erleben, selbstverständlich auch mit Unterricht, wenn Sie das möchten. Aber macht es nicht eigentlich glücklicher, eine neue Welt für sich selbst ohne „professionelle“ Anleitung und ganz ohne Druck von außen zu entdecken?

Wenn Malen und Zeichnen nichts für Sie ist, dann finden Sie stattdessen vielleicht Freude am Fotografieren. Ein einfacher Fotoapparat oder auch ein Smartphone reichen dafür vollkommen aus. Fotografieren Sie alles, was Sie schön und interessant finden. Experimentieren Sie mit Perspektiven und Lichtverhältnissen, wenn Sie mögen. Erfreuen Sie sich an Details, die Sie entdecken und im Bild festhalten. Genießen Sie das Fotografieren und freuen Sie sich hinterher über Ihre Fotos.

Teilen Sie sie mit einem kleinen Kreis vertrauter Menschen (aber nicht mit der ganzen Facebook-Community). Glück soll man mit Menschen teilen, die es wirklich wert sind, das eigene Glück verstehen und nachempfinden können. Es gibt aber noch mehr Möglichkeiten für gestalterische Kreativität – Ihr Haus bzw. Ihre Wohnung, Ihren Garten bzw. Ihren Balkon, oder möchten Sie vielleicht Möbel bauen, töpfern, Deko-Gegenstände schnitzen oder etwas nähen? Lassen Sie Ihre Fantasie spielen, was Ihnen entspricht und die größte Freude bereitet.

Vielleicht liegt Ihr Glück aber auch im Schreiben von Geschichten oder Gedichten, oder aber in Musik. Musik zu hören oder selbst Musik zu machen bereitet fast jedem Freude. Singen Sie Ihre Lieblingssongs. Hören Sie Ihre Stimme. Es sind Sie, der oder die da singt, es ist Ihre eigene Stimme. Sie gehört Ihnen und ist Ausdruck Ihrer Persönlichkeit, Ihrer Seele, und sie ist gut, wie sie ist. Singen Sie auch mit anderen gemeinsam, lassen Sie Ihr Glück aber nicht durch Besserwisser und Kritiker beeinflussen. Es soll Ihnen selbst Spaß bringen, das ist das Einzige, was zählt. Singen ist auch gut für die Atmung, für die Entspannung und für die Seele – je lauter, desto besser.

Wenn Sie mehr Herausforderung suchen, kaufen Sie sich ein Musikinstrument Ihrer Wahl. Gute Anleitungen zum Erlernen der Instrumente gibt es im Internet. Lassen Sie sich kein Instrument aufschwatzen, in das Sie sich nicht auf Anhieb verlieben. Das richtige Instrument wird Sie von selbst anziehen. Vielleicht kennen Sie auch bereits ein Instrument oder haben sogar eines, das irgendwo verstaubt auf Sie wartet.

Dann holen Sie es hervor. So oder so, es ist Ihr Leben, Ihre Zeit, Ihre Freude, Ihr Glück. Umgeben Sie sich auch in diesem Fall nicht mit Menschen, die Ihnen Ihre Unbefangenheit nehmen wollen und Ihnen nur alles verderben. Bei aller fachlichen Herausforderung beim Ausüben einer kreativen Tätigkeit soll diese doch hauptsächlich Spaß und Freude bringen und nicht neuen Stress verursachen. Was Sie auch tun, tun Sie es also einfach aus Herzenslust heraus. Lieben Sie Ihre Kreativität und lassen Sie Ihr neu gewonnenes stilles oder lautes Glück nicht von Neidern oder Spöttern zerstören.

SPAẞ & HUMOR

Nach Spaß und Humor, nach Lachen und Fröhlichkeit ist uns am wenigsten zumute, wenn wir in schlechter Stimmung sind, wenn schlechte Nachrichten auf uns einprasseln und die Welt um uns herum zusammenfällt, die Probleme kein Ende zu nehmen scheinen und alles düster und dunkelgrau ist. Nicht nur, dass wir dann keine Lust haben, lustig zu sein – wir fühlen uns sogar, als ob wir das nicht dürften. Zu lachen oder zu lächeln, während es uns selbst oder anderen schlechtgeht, erscheint uns moralisch nicht richtig. Doch wir dürfen es – wir müssen es sogar. Gerade in schwierigen Zeiten ist es wichtig, seinen Humor zu behalten und sich ab und zu bei Spaß und Spiel zu entspannen, abzuschalten und das Leben wenigstens zeitweise zu genießen. Diese glücklichen Momente sind wichtig, um den Mut nicht zu verlieren und Energie zurückzugewinnen. Das Leben ist zum Leben gemacht und wenn man das vergisst, ist es ganz schnell vorbei. Die Zeit, die mit Grübeln, Durchhängen und Stress vergeht, kommt nie wieder zurück. Kein Moment kommt zurück, aber jeder gelebte – glückliche – Moment bleibt als wertvolle Erinnerung und erfüllt uns. Jeder durch negative Gedanken verpasste Moment ist einfach weg und vergeudet.

Das sollte man sich viel öfter vor Augen halten, wenn man Stunde um Stunde, Tag um Tag seinen Sorgen nachhängt oder im Stress mit Scheuklappen herumläuft und alles vergisst, was wirklich zählt – Leben, die Liebsten und einfach glücklich zu sein. Also sollten wir Spaß und Freude erleben, am besten mit allen zusammen, die uns am Herzen liegen. Erinnerungen und Lachen für unser inneres Fotoalbum.

Aber was bringt eigentlich Spaß? Freude und Spaß zu haben, kann so einfach sein und muss nicht viel kosten. Natürlich gibt es die „offiziellen" Vergnügungsangebote wie Kino, Fernsehen (insbesondere Walt-Disney-Filme für die ganze Familie), Comedy-Shows, Theater, Stadtfeste, Dom mit Karussellfahrten etc., Erlebnisparks, Tierparks, Barfuß- und Kletterparks, Konzerte, Festivals und diverses mehr. Alle solche Dinge können sehr viel Spaß machen, egal, ob mit Familie oder Freunden.

Man kann dabei sogar auch viel lernen, die Natur und die Technik kennenlernen, die Körper- und Sinneswahrnehmung verbessern und vor allem die Lachmuskeln trainieren, sich entspannen und ausgelassen sein. Naturlehrpfade sind außerdem eine wahre geistige Bereicherung des Natur- und Umweltbewusstseins. Manche Tierparks bieten auch Möglichkeiten, die Tiere näher kennenzulernen und teilweise auch dort zu übernachten (und natürlich auch zu spenden, um Ihr Glück und das der Natur weiter zu fördern). Die genauen Angebote finden Sie im Internet, bestimmt gibt es auch in Ihrer Region zahlreiche Möglichkeiten, um Spaß und Lernen miteinander zu verbinden.

Aber Spaß muss nicht immer Geld kosten. Man kann sich auch einfach selbst ganz viele schöne und lustige Sachen ausdenken. Das fängt schon bei einem gemeinsamen Spieleabend zu Hause an. Warum nicht einfach das vergessene „Mensch, ärgere dich nicht"-Spiel hervorkramen oder auch Mikado, Memory, ein lustiges Kartenspiel oder welche Spiele

Sie haben und allen Spaß machen. Es soll entspannt und gemütlich sein. Bei Gesellschaftsspielen fördert man ganz nebenbei auch noch die Konzentration und die geistige Fitness, das ist auch gut für das Glück. Sie können sich aber auch lustige Rollenspiele ausdenken.

Ein bisschen Kindergeburtstags-Feeling schadet dabei nicht und Naschen ist auch erlaubt. Spaß geht auch im Freien und mit Bewegung, zum Beispiel beim Ballspielen, egal, welcher Art, Frisbee, Federball oder natürlich auch mit Ihrem Hund, falls Sie einen haben. Ausgelassen herumzutoben und dabei alles nicht so ernst zu nehmen, einfach albern zu sein und alles Schlechte zu vergessen, das macht glücklich. Das Wetter muss Ihrem Spaß kein Hindernis sein, ziehen Sie sich einfach entsprechend an, dann bringt es immer Spaß, egal, ob bei Sonne, Regen oder Schnee. Spielen Sie wie Kinder (und natürlich mit Ihren Kindern).

Wer es etwas derber mag und wirklich mutig ist, kann auch seine eigenen kleinen Comedy-Filme starten, besser machen Sie das aber mit mehreren. Hier sind der Fantasie keine Grenzen gesetzt, solange man weder Mensch noch Tier oder Pflanze schadet und das Ganze etwas Niveau hat. Ganz wichtig ist dabei, dass man selbst immer ernst bleibt, dann kann man es so richtig genießen. Hier ein paar harmlose Beispiele: Man geht mit Out-of-Bed-Frisuren und in Schlafsachen am Wochenende morgens zum Bäcker, um Brötchen zu holen.

Das allein ist schon mutig in unserer durchgestylten Welt, doch richtig witzig wird es jetzt: Bestellen Sie zehn Brötchen – aber bitte nur die oberen Hälften, weil auf den unteren kein Mohn oder Sesam ist. Falls Ihnen vom Ernst bleiben dabei die Lachtränen in die Augen steigen, sagen Sie einfach, dass Ihnen die armen Brötchen doch leidtun, wenn sie durchgeschnitten werden. Genießen Sie den Gesichtsausdruck des Bäckers bzw. der Bäckerin. Ach ja, vielleicht sollten Sie sich einen Laden dafür aussuchen, in dem Sie vorher noch nie waren und wohin Sie auch nie wieder gehen werden … Kaufen Sie dann fairerweise doch die (ganzen) Brötchen und gehen Sie freundlich nickend mit ernstem Gesicht nach draußen. Dort dürfen Sie dann in schallendes Gelächter ausbrechen und die Brötchen genießen.

Eine ähnliche Aktion bietet sich auf dem Wochenmarkt an, am Gemüsestand. Zeigen Sie mit dem Zeigefinger und ernstem Gesichtsausdruck auf die Birnen und verlangen Sie ein Kilo von den „besonders geformten Äpfeln". Vermutlich werden Sie die Antwort bekommen, dass es Birnen sind. Bekommen Sie dann einen begeisterten Gesichtsausdruck und verlangen Sie ein Kilo von der „Apfelsorte Birne" und bekunden Sie, wie großartig Sie es finden, dass es diese neue Apfelsorte gibt. Was auch immer jetzt passiert, genießen Sie es.

Wenn Sie das Ganze für zu Hause filmen möchten, ist das absolut verständlich, aber denken Sie bitte daran, dass außer Ihnen und Ihren „Mitstreitern" niemand gefilmt werden darf (streng verboten!). Sie können sich auch noch viele andere lustige Dinge ausdenken. Wie wäre es, als Katzen verkleidet (mit Schminke und miauend) durch die Stadt zu laufen? Lassen Sie Ihrer Kreativität freien Lauf, Ihnen wird schon etwas Lustiges einfallen. Bitte aber alles im harmlosen Bereich, niemanden ärgern, sonst kann der Spaß ein „offizielles" Ende nehmen. Das wäre doch schade.

Fazit

„Das Glück wohnt nicht im Besitz, und nicht in Gold, das Glück wohnt in der Seele." (Demokrit)

Was ist Glück? Dankbar sein für das, was man hat. Die kleinen Dinge wertzuschätzen, Liebe zu geben, sowohl Menschen als auch Tier und Pflanze, achtsam mit sich selbst, anderen Lebewesen und der Welt umzugehen und so andere, auch in Zukunft, glücklich zu machen, nicht nach mehr zu streben, als man hat, sich nicht mit anderen zu vergleichen, die mehr haben als man selbst, etwas Sinnvolles zu tun, sich zu entspannen, mit der Natur im Einklang zu leben, dem eigenen Inneren treu zu sein, friedfertig und weltoffen zu sein, im Hier und Jetzt zu leben, sich nicht von negativen Gedanken und Gefühlen beeinflussen zu lassen, Spaß zu haben, zu tun, was einem Freude macht, locker und man selbst zu sein und dazu zu stehen, sich nicht um das Urteil anderer zu kümmern, unbeschwert wie ein Kind zu sein, sich um nichts zu sorgen, was man nicht ändern kann, das zu ändern, was man ändern kann, sich selbst zu lieben, mit der eigenen Seele im Einklang zu leben. Glück hat viele Gesichter und ist für jeden etwas ganz Persönliches. Lassen Sie sich von niemandem in Ihr Glück hineinreden. Nur Sie selbst können Ihr echtes Glück finden. Beginnen Sie jetzt damit. Doch ein Wort noch zum Schluss: So sehr Sie auch glücklich sein wollen, streben Sie nicht zu sehr nach dem Glück. Denn will man etwas zu sehr, verliert es seinen Zauber und wird zum Stressfaktor. So würden Sie auf dem Weg zum Glück wahrscheinlich an Ihrem Glück vorbeirennen. Seien Sie bereit für Ihr Glück, wenden Sie die Tipps an, doch versuchen Sie nicht, Ihr Glück zu erzwingen. Das müssen Sie auch gar nicht, denn es wohnt in Ihnen selbst. Sie müssen nur zu sich selbst finden und Ihr eigenes Glück geschehen lassen. Und vergessen Sie nie: Geteiltes Glück ist doppeltes Glück.

Übungen für Ihren Weg zum Glück

WAS BEDEUTET GLÜCK FÜR SIE

Wie Sie in diesem Buch bereits herausgefunden haben, ist Glück etwas sehr Individuelles. Es gibt kein Rezept zum Glücklichsein oder einen vorgegebenen Plan, wie Sie glücklich werden können, aber es gibt Möglichkeiten, wie Sie für sich selbst herausfinden können, was Sie zum Glück brauchen. Die wahrscheinlich einfachste und schwerste Übung zugleich ist, dass Sie sich zuerst einmal selbst fragen, was Sie benötigen, um glücklich zu sein. Hören Sie tief in sich hinein und befragen Sie Ihre innere Stimme. Stellen Sie sich die folgenden Fragen und schreiben Sie sich die Antworten hier auf, damit Sie sich Ihre Antworten immer wieder anschauen können.

Was bedeutet Glück für Sie?	
Was benötigen Sie, um glücklich zu sein?	
Wen benötigen Sie, um glücklich zu sein? (Wer tut Ihnen gut und wer vielleicht nicht?)	
Was macht Sie unglücklich?	
An welchem Ort sind Sie am glücklichsten?	

ÖFFNEN SIE SICH DER WELT

Der Alltag wird immer stressiger, schnelllebiger und komplizierter. Das Erste, was man dabei vergisst, ist man selbst. Auch wenn Sie nicht besonders viel Freizeit im Laufe eines Tages haben, gibt es doch immer wieder kleine Zeitfenster, die Sie sich freiräumen können, um für sich selbst da zu sein. Das kann beispielsweise der Weg zur Arbeit, die Mittagspause, das Einkaufen oder der Feierabend sein.

Vor allem Momente, in denen Sie quasi sowieso nicht wirklich etwas anderes machen können, eignen sich gut als kleine Ich-Oasen. Versuchen Sie, sich diese Zeitspannen, egal, wie kurz sie auch sein mögen, für sich selbst freizuräumen. Suchen Sie sich für den Weg zur Arbeit beispielsweise ein Hörbuch raus, das Sie jeden Tag weiterhören können. Dann haben Sie etwas, auf das Sie sich jeden Tag freuen können. Hören Sie Ihre Lieblingsmusik beim Duschen oder beim Einkaufen oder planen Sie den nächsten schönen Familienausflug, während Sie in der Bahn sitzen. Sie sind auch im stressigen Arbeitsalltag glücklicher, wenn Sie etwas haben, worauf Sie sich freuen können.

Wo können Sie Zeit für sich selbst freiraumen?	
Welche Zeiten am Tag könnten Sie für sich selbst nutzen (auch, wenn andere Aktivitäten damit verbunden sind)?	
Was könnten Sie in diesen Zeitfenstern für sich selbst tun?	

BEWEGEN SCHÜTTET GLÜCKSHORMONE AUS

Sicherlich haben auch Sie schon davon gehört. Sport beziehungsweise Bewegung schüttet Glückshormone aus. Und das ist nicht nur ein Mythos, sondern stimmt wirklich. Wenn Sie also das nächste Mal den Kopf hängen lassen, gehen Sie eine Runde um den Block, springen Sie zwei Minuten auf der Stelle oder machen Sie die Musik laut und tanzen Sie drauf los. Egal, wie bescheuert das vielleicht aussehen mag, es wird Ihnen garantiert helfen.

Die Übung hat gut geklappt, weil...:	
Die Übung hat nicht so gut geklappt, weil...:	
Dinge, die Sie in dieser Situation überfordert haben:	
Das können Sie das nächste Mal besser machen:	

DAS UMFELD

Wenn Sie darüber nachdenken, wie Sie glücklicher werden können, sollten Sie nicht nur an die Dinge denken, die Sie glücklich machen, sondern auch an die, die Sie unglücklich machen. Das können bestimmte Situationen, Menschen oder Gedanken sein. Nehmen Sie sich einen Moment Zeit und schreiben Sie auf, was Ihnen in Ihrem Leben nicht guttut. Das mag eine etwas unangenehmere Übung sein, aber sie ist wichtig.

In diesen Situationen sind Sie unglücklich:	
Diese Personen machen Sie unglücklich:	
Diese Gedanken machen Sie unglücklich:	
Weitere Dinge, die Sie unglücklich machen:	

Wenn Sie das erst einmal für sich selbst beantwortet haben, stellen Sie sicher fest, dass es Sachen gibt, die sich einfach nicht vermeiden lassen und dass es vielleicht Punkte auf Ihrer Liste gibt, die Sie vermeiden können. Auch das kann eine sehr schwierige Aufgabe sein, vor allem, wenn es sich um Personen handelt, aber der Effekt für Ihren Weg zum Glück ist größer als das Übel.

Diese Punkte können Sie vermeiden/aus Ihrem Leben verbannen:

____

____

____

AKZEPTIEREN SIE IHRE GEDANKEN

Man ist oft unglücklich, wenn schmerzhafte oder belastende Gedanken in einem hochkommen. Das ist völlig normal, aber wir geben diesen Gedanken meistens viel zu viel Macht über uns. Deshalb kann es helfen, wenn Sie neutraler Betrachter Ihrer eigenen Gedankenwelt werden.

Wenn Sie merken, dass Ihre Gedanken Karussell fahren und Sie sich davon runterziehen lassen, versuchen Sie gedanklich die Gefühlsebene zu verlassen und neutraler Betrachter Ihrer Gedanken zu werden.

Akzeptieren Sie diese Gedanken als einen Teil von Ihnen ganz bewusst und versuchen Sie auf jegliche Wertung zu verzichten. Wenn Sie konzentriert genug sind, werden Sie merken, dass die Gedanken vielleicht nicht völlig verschwinden, aber es wird Ihnen um einiges besser mit ihnen gehen.

Die Übung hat gut geklappt, weil...:	
Die Übung hat nicht so gut geklappt, weil...:	
Dinge, die Sie in dieser Situation überfordert haben:	
Das können Sie das nächste Mal besser machen:	

DANKBARKEIT MACHT GLÜCKLICH

Wenn Sie versuchen, in Ihrem Leben öfter Dankbarkeit für Dinge zu empfinden, können Sie positive Gefühle besser genießen und Ihre negativen Gefühle werden sich reduzieren. Es wurde bewiesen, dass eine ausgeprägte Dankbarkeit im Leben ein besseres Selbstwertgefühl schafft und Menschen hilft, besser mit Stress umzugehen. Das Gute ist, Dankbarkeit kann man trainieren. Das klingt im ersten Moment vielleicht komisch, ist aber ganz einfach. Nehmen Sie sich hierfür mehrmals am Tag einen Moment Zeit und denken Sie darüber nach, wofür Sie in Ihrem Leben dankbar sind. Das kann ganz allgemein sein oder speziell auf einen

Zeitabschnitt beschränkt. Versuchen Sie sich in diesem Moment ganz auf das Gefühl der Dankbarkeit zu fokussieren und es mit dem gesamten Körper zu spüren. Sie werden merken, wie es Ihnen mit jeder Wiederholung dieser Übung leichter fällt und besser geht.

Tipp: Die Übung eignet sich auch, um in schwierigen Situationen den negativen Gefühlen entgegenzuwirken.

Die Übung hat gut geklappt, weil...:	
Die Übung hat nicht so gut geklappt, weil...:	
Dinge, die Sie in dieser Situation überfordert haben:	
Das können Sie das nächste Mal besser machen:	

ATEMÜBUNG

Sie werden sich vielleicht fragen, was das Atmen mit unserem Glücksempfinden zu tun hat, aber es ist nicht nur eine lebensnotwendige Körperfunktion, sondern auch ein gutes Instrument, um negativen Gedanken und Stress entgegenzuwirken. Wenn Sie sich auf eine richtige Atmung konzentrieren, verfliegt Stress und schlechte Laune ganz schnell. Stellen Sie sich für diese Übung am besten einen Wecker auf 5 Minuten. Setzen Sie sich dann so bequem wie möglich hin und atmen Sie so tief Sie können in Ihren Bauch hinein. Der Brustkorb sollte sich bei dieser Übung so gut wie gar nicht bewegen. Stoßen Sie die Luft dann langsam wieder aus, bis wirklich keine Luft mehr in Ihren Lungen ist. Halten Sie vor dem nächsten Einatmen kurz inne (nur solange es angenehm ist) und atmen Sie so weiter, bis Ihr Wecker klingelt.

Die Übung hat gut geklappt, weil...:	
Die Übung hat nicht so gut geklappt, weil...:	
Dinge, die Sie in dieser Situation überfordert haben:	
Das können Sie das nächste Mal besser machen:	

MACHEN SIE ANDERE GLÜCKLICH

Wer andere glücklich macht, ist selbst glücklicher. Hierbei geht es nicht um materielle Geschenke oder dass Sie es immer jedem recht machen. Überlegen Sie einfach ab und zu, wem Sie ganz einfach eine Freude machen können. Vielleicht mit einem kurzen Besuch, einer Blume, einfach nur einem Lächeln oder indem Sie jemandem helfen. Sie werden merken - je häufiger Sie andere glücklich machen können, umso glücklicher werden auch Sie selbst. Es wird Ihnen ein gutes Gefühl geben.

Wem könnten Sie eine Freude machen?	
Wie können Sie Menschen in Ihrem Umfeld ganz einfach glücklich machen?	
Hatten Sie Probleme damit, jemandem eine Freude zu machen? Wenn ja, welche?	

LIEBLINGSDINGE

Im stressigen Alltag vergisst man häufig als Erstes, sich auch um sich selbst zu kümmern. Sie erledigen tagtäglich Ihre Aufgaben und machen es damit Ihrem Chef, Ihrer Familie oder Ihren Freunden recht. Wo aber sind Ihre Momente? Versuchen Sie einmal aufzuschreiben, welche Dinge, Aktivitäten oder Personen Sie glücklich machen. Was Sie brauchen, damit es Ihnen gut geht. Überlegen Sie im nächsten Schritt, wie Sie diese Dinge in Ihren Alltag einbauen können. Vielleicht müssen Sie auf andere Sachen verzichten, sich auch mal gegen die Überstunden entscheiden oder jemandem einen Gefallen abschlagen. Diese Zeit sollten Sie sich dennoch nehmen. Dinge, die Sie brauchen, damit es Ihnen gut geht, können beispielsweise ein ausgiebiger Spaziergang, Ihre beste Freundin oder Ihr bester Freund oder auch einfach eine leckere Kugel Eis sein. Gönnen Sie sich diese Dinge und nehmen Sie sich dafür die Zeit!

Welche kleinen Dinge im Alltag brauchen Sie, damit es Ihnen gut geht?	
Was vernachlässigen Sie viel zu oft?	
Wie können Sie diese Dinge in Ihren Alltag besser integrieren? Wo lässt sich Zeit finden?	

VERBRINGEN SIE MEHR ZEIT AN DER FRISCHEN LUFT

Der Alltag bietet nicht immer so viele Möglichkeiten, wenn es darum geht, Zeit draußen zu verbringen. Wenn Sie arbeiten, verbringen Sie diese Zeit wahrscheinlich drinnen. Wenn man dann von einem langen, stressigen Tag nach Hause kommt, ist es meistens ziemlich schwer, sich noch mal aufzuraffen und nach draußen zu gehen. Die frische Luft macht uns allerdings nachgewiesenermaßen glücklicher. Wer nur drinnen sitzt und wenig Tageslicht abbekommt, verfällt schnell in schlechte Laune oder gar Depressionen. Überlegen Sie einmal, welche Aktivitäten Sie in Ihrem Alltag nach draußen verlagern könnten. Hier ein paar Beispiele:

- Zähneputzen auf dem Balkon
- Kreuzworträtsel
- Lesen
- Essen
- Telefonieren
- Home-Office

Welche Aktivitäten in Ihrem Alltag können Sie nach draußen verlegen?	
Was könnte Ihnen Spaß machen, das draußen stattfindet?	
Haben Sie vielleicht einen Freund oder eine Freundin, mit der Sie regelmäßig draußen etwas unternehmen können?	

GLÜCKSTAGEBUCH

Jeder, der daran arbeiten möchte, bewusst glücklicher zu sein, sollte darüber nachdenken, ein Glückstagebuch zu führen. Denn viele glückliche Momente vergisst man viel zu schnell wieder oder negative Gefühle überschatten sie. Wenn Sie aber Ihre glücklichen Momente aufschreiben, bleiben sie Ihnen besser im Gedächtnis und prägen sich besser ein. Sie werden sie besser zu schätzen wissen und können jederzeit die Erinnerungen an vergangene glückliche Momente wieder aufleben lassen. Nehmen Sie sich jeden Tag ein paar Minuten Zeit, um Ihr Glückstagebuch zu führen.

Die Übung hat gut geklappt, weil…:	
Die Übung hat nicht so gut geklappt, weil…:	
Wie können Sie es das nächste Mal besser machen?	

VORSICHT PERFEKTIONISMUS

Dass Sie nicht glücklich sein können, liegt häufig daran, dass Sie Ihre eigenen Erwartungen an sich selbst nicht erfüllen können. Die meisten Menschen haben enorm hohe Anforderungen an ihr Leben und an sich selbst. Es ist nicht verwunderlich, dass sie diese oft nicht erfüllen können und sich selbst damit unglücklich machen. Die einzige Möglichkeit, diesen Perfektionismus zu bekämpfen, ist radikal, aber zielführend. Beginnen Sie sofort damit, Ihre 100 % auf 80 % runterzuschrauben. Überlegen Sie sich, wie Sie sich selbst entlasten können und akzeptieren Sie, dass Sie nicht immer alles schaffen können. Versuchen Sie, Ihre Erwartungen an sich selbst realistischer zu gestalten und akzeptieren Sie, dass Sie es nicht jedem recht machen können. Um gegen Ihren eigenen Perfektionismus zu kämpfen, können Sie die folgende Übung durchführen:

Notieren Sie sich, welche Erwartungen Sie an sich selbst haben. Seien Sie dabei wirklich komplett ehrlich zu sich selbst. Nur so kann es funktionieren. Wenn Sie Ihre Erwartungen definiert haben, können Sie überlegen, an welchen Stellen Sie etwas lockerer mit sich selbst sein können und welche Erwartungen vielleicht unrealistisch sind und Sie so nur ausbremsen. Machen Sie sich bewusst, dass Sie nicht immer 100 % geben müssen und es keine Schwäche ist, auch mal nein zu sagen oder etwas nicht zu schaffen.

<table>
<tr><td>Diese Ansprüche haben Sie an sich selbst:</td><td><table><tr><td>Was?</td><td>Warum?</td></tr><tr><td></td><td></td></tr><tr><td></td><td></td></tr><tr><td></td><td></td></tr><tr><td></td><td></td></tr><tr><td></td><td></td></tr><tr><td></td><td></td></tr><tr><td></td><td></td></tr></table></td></tr>
<tr><td>Diese Erwartungen sind unrealistisch:</td><td></td></tr>
<tr><td>Das ist Ihnen wirklich wichtig:</td><td></td></tr>
<tr><td>Damit machen Sie sich unnötig Druck:</td><td></td></tr>
</table>

VERZEIHEN MACHT GLÜCKLICH

Verzeihen ist etwas, das nicht jeder gut kann. Zwangsläufig kommt es im Leben dazu, dass jemand Ihnen bewusst oder unbewusst unrecht tut.

Aber auch Sie selbst tun Dinge im Leben, wegen denen Sie negative Gefühle gegen sich selbst hegen. Die Rechnung ist sehr einfach: Je mehr negative Gefühle sich durch ungelöste Konflikte mit anderen oder mit sich selbst anstauen, desto unglücklicher sind Sie. Fangen Sie also an zu verzeihen. Springen Sie über Ihren Schatten, schlucken Sie Ihren überflüssigen Stolz runter und kommen Sie dem Glücklichsein einen Schritt näher. Gibt es Probleme, die Sie mit sich selbst haben, die Sie klären können? Seien Sie nicht unnötig sauer auf andere oder sich selbst. Verzeihen ist gar nicht so schwer, wie man im ersten Moment denkt. Nehmen Sie sich vor, einmal am Tag etwas zu verzeihen. Sei es sich selbst oder anderen. Sie werden merken, wie Sie jedes Verzeihen etwas leichter macht und Ihnen Druck nimmt.

Die Übung hat gut geklappt, weil...:	
Die Übung hat nicht so gut geklappt, weil...:	
Dinge, die Sie in dieser Situation überfordert haben:	
Das können Sie das nächste Mal besser machen:	

LACHEN MACHT GLÜCKLICH

Ja, das haben Sie sicherlich schon oft gehört und es mag Ihnen vielleicht überflüssig vorkommen, aber es ist tatsächlich wissenschaftlich bewiesen, dass schon allein die mimische Bewegung des Lächelns Glückshormone ausschüttet. Im Alltag mehr zu lächeln, ist auch gar nicht so schwer, wie vielleicht zuerst angenommen. Nehmen Sie sich einfach vor, jeden Tag mindestens fünf Menschen ein Lächeln zu schenken. Das hat einen doppelten Glückseffekt: Sie lächeln öfter und jedes Lächeln, das Sie zurückbekommen, macht Sie doppelt glücklich.

Die Übung hat gut geklappt, weil...:	
Die Übung hat nicht so gut geklappt, weil...:	
Dinge, die Sie in dieser Situation überfordert haben:	
Das können Sie das nächste Mal besser machen:	

NEIN SAGEN

Nicht nur die Ansprüche, die Sie an sich selbst haben, sondern auch die, die andere an Sie haben, setzten Sie unnötig unter Druck und sind oft auch wirklich ungerechtfertigt. Eine wirklich wichtige Fähigkeit, die essenziell auf dem Weg zu Ihrem Glück ist, ist NEIN zu sagen. Wenn Sie ganz ehrlich zu sich sind, fallen Ihnen bestimmt mehrere Situationen ein, in denen Sie eigentlich lieber nein als ja gesagt hätten. Es ist aber sehr wichtig, auch nein sagen zu können, sonst bürden Sie sich viel zu viel auf. Die folgende Übung ist sehr simpel, aber wahrscheinlich schwieriger durchzuführen, als es sich anhört. Nehmen Sie sich ganz fest vor, in der nächsten Situation, in der Sie aus Höflichkeit, Angst oder anderen Gründen ja sagen würden, einfach einmal klar und bestimmt nein zu sagen. Hören Sie auf Ihre eigenen Bedürfnisse und setzen Sie sich durch. Sie werden spüren, wie Sie mehr Selbstbewusstsein bekommen, sich stärker fühlen und dadurch glücklicher werden.

Die Übung hat gut geklappt, weil…:	
Die Übung hat nicht so gut geklappt, weil…:	
Dinge, die Sie in dieser Situation überfordert haben:	
Das können Sie das nächste Mal besser machen:	

DAS MANTRA

Mantras sind kurze Sätze oder auch nur ein Wort, das Sie sich selbst laut oder im Geiste sagen können, um sich zu beruhigen. Wenn Sie oft mit den Gedanken in der Vergangenheit hängen, kann das beispielsweise „Ich lebe im Hier und Jetzt und kann die Vergangenheit nicht mehr verändern" sein. Wenn Sie sich schnell über Dinge aufregen oder in Angstzustände verfallen, kann Ihr Mantra „Alles ist gut, mir kann nichts passieren" sein. Vielleicht gibt oder gab es in Ihrem Leben auch einen Menschen, der Sie immer beruhigen und glücklich machen kann, dann ist Ihr Mantra vielleicht der Name dieser Person. Überlegen Sie sich ein Mantra und bauen Sie es in Ihren Alltag ein.

Ihr Mantra:

___

Die Übung hat gut geklappt, weil…:	
Die Übung hat nicht so gut geklappt, weil…:	
Dinge, die Sie in dieser Situation überfordert haben:	
Das können Sie das nächste Mal besser machen:	

Quellenverzeichnis

ABB Seminare: Flourishing und Aufblühen; https://www.abb-seminare.de/blog/flourishing/.

Balancer Gesundheitsportal: Diese Vitamine bekämpfen Stresshormone; https://balancer-gesundheitsportal.de/magazin/diese-vitamine-bekaempfen-stresshormone/.

Blickhan, Dr. Daniela: Positive Psychologie – und warum sie mehr ist als Happyologie; https://www.inntal-institut.de/blog/positive-psychologie-und-warum-sie-mehr-ist-als-happyologie.

Blickhan, Dr. Daniela: Positive Psychologie, die Wissenschaft des Glücks; https://www.positivepsychologie.eu/nachrichten.

Carstens, Peter: Warum wir uns so leicht selbst betrügen; https://www.geo.de/wissen/gesundheit/18160-rtkl-kognitive-dissonanz-warum-wir-uns-so-leicht-selbst-betruegen.

dasGehirn.info: Was passiert im Gehirn, wenn wir glücklich sind?; https://www.dasgehirn.info/aktuell/frage-an-das-gehirn/was-passiert-im-gehirn-wenn-wir-gluecklich-sind.

Deutsche Gesellschaft für Positive Psychologie: Flourishing bei Unwetter – Interview mit Barbara Fredrickson [...]; https://www.dgpp-online.de/home/themen-der-positiven-psychologie/flourishing-in-zeiten-der-verunsicherung/.

EatMoveFeel: Natürliche Tipps, um Glückshormone zu erhöhen und sich besser zu fühlen; https://www.eatmovefeel.de/natuerliche-tipps-um-gluecks-hormone-zu-erhoehen-und-sich-besser-zu-fuehlen/.

Frankfurter Rundschau: Lebensmittel, die glücklich machen; https://www.fr.de/ratgeber/gesundheit/lebensmittel-gluecklich-machen-11245031.html.

Glücksarchiv: Psychologie und Glück; https://www.gluecksarchiv.de/inhalt/psychologie.htm.

Grenzow, Leona: Nervennahrung; https://www.nu3.de/blogs/health/nervennahrung#gref.

Hager, Anamaria: Glücksernährung mit Nährstoffen aus der Natur – Tryptophan; https://www.anamariahager.de/blog/2012/06/gluecksernaehrung-mit-naehrstoffen-aus-der-natur-tryptophan/.

Heller, Prof. Dr. Jutta: Positive Psychologie; https://juttaheller.de/resilienz/resilienz-abc/positive-psychologie/.

IFG München: Glücksforschung und Glückswissenschaft Band II: Hirnforschung, Neurobiologie, DNS und unsere happy Gene; www.gluecksforschung.de/Botenstoffe.htm.

Jansen, Fritz/ Streit, Uta: Positiv lernen; Springer, 2006.

Kühn, Dr. Esther: Das Gehirn kann nicht abschalten! Was tun?; The Inquisitive Mind, Ausgabe 4/2016; https://de.in-mind.org/article/das-gehirn-kann-nicht-abschalten-was-tun.

Landsiedel Seminare: Die Positive Psychologie; https://www.landsiedel-seminare.de/positive-psychologie/positive-psychologie.html.

Lernpsychologie – Lernen und Gedächtnis einfach erklärt: Behaviorismus; http://www.lernpsychologie.net/lerntheorien/behaviorismus.

Longman, Molly/ Bartsch, Maike: Wieso wir negative Gedanken & Gefühle intensiver erleben als positive; https://www.refinery29.com/de-de/negative-gedanken-negativitiaet-bias-effekt-hintergrund-tipps.

Mindsyle Magazin: 13 Tipps, um deine Glückshormone zu boosten [...]; https://mindstyle-magazin.com/13-tipps-um-deine-glueckshormone-zu-boosten/.

Neurologen und Psychiater im Netz: Entspannungsverfahren: Progressive Muskelentspannung; https://www.neurologen-und-psychiater-im-netz.org/psychiatrie-psychosomatik-psychotherapie/therapie/entspannungsverfahren/progressive-muskelentspannung/.

Peterson, C./ Seligman, M.: Character strengths and virtues [...]; Oxford University Press/ American Psychological Association, 2004.

Regler, Gaby: Positive Emotionen [...]; https://www.gabyregler.de/positive-emotionen-was-ist-ihre-lieblings-emotion-meine-ist-die/.

Rose, Nico: Das Konzept der Charakterstärken in der Positiven Psychologie; https://nicorose.de/2019/07/29/das-konzept-der-charakterstaerken-in-der-positiven-psychologie/.

The Pursuit of Happiness: Martin Seligman; http://www.pursuit-of-happiness.org/history-of-happiness/martin-seligman-psychology/#.

Vogel, Lea: So wirst du stärker als deine negativen Gedanken; https://editionf.com/was-tun-gegen-angst-und-negative-gedanken/#.

Vogelmann, Katharina: Das Glück sitzt im Gehirn [...]; https://www.wissenschaft.de/umwelt-natur/das-glueck-sitzt-im-gehirn-neurowissenschaftler-erforschen-die-biologischen-grundlagen-der-freude/.

Wolffheim, Franziska: Waldbaden: So kann Natur-Therapie gegen Stress helfen; https://www.emotion.de/waldbaden.

Wir danken Ihnen für Ihr Interesse und Ihr Vertrauen. Als Dankeschön dafür, haben wir eine besondere Überraschung. Wir haben eine **30-Tage-Challenge zu einem Leben voller Glück**, nur für Sie. Und diese erhalten Sie vollkommen kostenlos. Das klingt wunderbar? Dann warten Sie nicht lange und holen Sie sich Ihr Gratis-Geschenk.

Hier geht es zu Ihrem Gratis-Geschenk:

https://forms.gle/b1xoteY7efJZHBu66

1. **Öffnen Sie die Kamera-App auf Ihrem Smartphone und richten Sie die Kamera auf den QR-Code.**
2. **Klicken Sie auf den Link, der Ihnen angezeigt wird und schon werden Sie zur Website weitergeleitet.**

Impressum

Herausgeber: Pegoa Global Media GmbH / Am Sandtorkai 27 / 20457 Hamburg
Kontakt: kontakt@pegoamedia.de
Coverbild: Shutterstock

Haftungsausschluss:
Die Nutzung dieses Buches und die Umsetzung der enthaltenen Informationen, Anleitungen und Strategien erfolgt auf eigenes Risiko. Der Autor kann für etwaige Schäden jeglicher Art aus keinem Rechtsgrund eine Haftung übernehmen. Haftungsansprüche gegen den Autor für Schäden materieller oder ideeller Art, die durch die Nutzung oder Nichtnutzung der Informationen bzw. durch die Nutzung fehlerhafter und/oder unvollständiger Informationen verursacht wurden, sind grundsätzlich ausgeschlossen. Rechts- und Schadenersatzansprüche sind daher ausgeschlossen. Dieses Werk wurde sorgfältig erarbeitet und niedergeschrieben. Der Autor übernimmt jedoch keinerlei Gewähr für die Aktualität, Vollständigkeit und Qualität der Informationen. Druckfehler und Falschinformationen können nicht vollständig ausgeschlossen werden. Es kann keine juristische Verantwortung sowie Haftung in irgendeiner Form für fehlerhafte Angaben vom Autor übernommen werden. Die bereitgestellten Analysen, Vorschläge, Ideen, Meinungen, Kommentare und Texte sind ausschließlich zur Information bestimmt und können ein individuelles Beratungsgespräch nicht ersetzen. Alle Informationen dieses Buches entsprechen dem Kenntnisstand zum Zeitpunkt des Verfassens dieses Buches. Eine Haftung für mittelbare und unmittelbare Folgen aus den Informationen dieses Buches ist somit ausgeschlossen.
Informieren Sie sich weitläufig aus unterschiedlichen Quellen und bedenken Sie, dass am Ende nur Sie für die Entscheidungen verantwortlich sind.

Haftung für externe Links:
Unser Angebot enthält Links zu externen Websites Dritter, auf deren Inhalte wir keinen Einfluss haben. Deshalb können wir für diese fremden Inhalte auch keine Gewähr übernehmen. Für die Inhalte der verlinkten Seiten ist stets der jeweilige Anbieter oder Betreiber der Seiten verantwortlich. Die verlinkten Seiten wurden zum Zeitpunkt der Verlinkung auf mögliche Rechtsverstöße überprüft. Rechtswidrige Inhalte waren zum Zeit-punkt der Verlinkung nicht erkennbar.